살며 사랑하며

감사의 마음을 담아

님께

드림

살며
사랑하며

초판 1쇄 인쇄 2021년 3월 31일
초판 1쇄 발행 2021년 3월 31일

지은이 민종기
펴낸이 김종섭
펴낸곳 리음북스
디자인 유상희
마케팅 조기웅, 신원철
주소 서울시 성동구 아차산로 7나길 18 성수에이펙센터 408호
전화 02-3141-6613 팩스 02-460-9360
등록 제2016-000026호
홈페이지 http://ireview.kr
이메일 joskee@naver.com

진 정 한 나 를 찾 아 가 는 순 례

살며 사랑하며

| 글 민종기 |

책을 내면서

글을 쓰는 일은 전혀 예상치 못했다. 문학을 전공한 사람도 아니고 기업인으로 일생을 살아왔기 때문이다. 글 쓰는 일은 어떤 생각을 문장으로 정확하게 표현해 내야 하는 매우 어려운 작업이다. 3년 전 70인생을 맞아 지나온 일을 정리할 겸, 글로 남겨 보고 싶다는 생각에 도전했던 경험이 있다. 다시 한 번 용기를 내는 이유는 당시 미처 쓰지 못했던 것들이 있어서다. 평소의 단상과 사유, 신념, 그리고 젊은이들에게 꼭 전하고 싶은 이야기들이 그것인데 시간이 지나기 전에 진솔하게 써보고 싶었다.

우리는 살아오면서 많은 일을 만난다. 그리고 돌아보면서 좋은 일에 대해서는 감사와 희열, 잘못되거나 실패한 일에 대해서는 자책과 반성을 한다. 그러면서 좀 더 완벽한 사람이 되려고 노력한다. 그래도 또 지나고 보면 원하는 만큼의 결과를 내지 못하는 경우도 많다. 그런 미완의 상태, 그게 사람의 일이 아니겠는가. 41년이라는 긴 세월을 제조업에 몸바쳐 일해왔다. 일하는 동안 언제나 새해에는 지난해보다는 더 성장해야 한다고 다짐하며 끝없이 도전해왔다. 새 제품을 개발하거나 기존 제품을 업그레이드하는 일, 그리고 경영을 개선하는 일과 판매를 신장시켜야 하는 일에 전력을 다했다. 사실 그것은 제조업 생존을 위한 숙명과도 같은 일이다.

20대에 사회에 첫발을 내딛으며 급료를 받고 직장생활을 했는데, 사원으로 일을 배우며 보수도 받았다. 그때 일들을 돌이켜보면 참으로 감사한 일이 아닐 수 없다. 사업주 입장에서 보면 이는 급료도 주고 일도 가르친 셈이다. 직장에서 한 사람이 입사해 제 역할을 하려면 3~4년 정도의 숙련기간이 필요하다. 그 후에 받은 급료가 비로소 진정한 보수라고 할 수 있다. 그런데 요즘 사업장에서는 안타까운 일들이 자주 일어난다. 인내심이 약한 젊은이들이 작은 어려움도 참아내지 못하고 직장을 박차고 나가는 것이다. 따라서 그간의 사업주 투자는 무위로 돌아가고 허사가 되고 마는 일이 비일비재하다.

이런 일을 겪을 때마다 젊은이들에게 꼭 당부해온 이야기가 있다. 첫째는 직장을 선택할 때 보수보다는 먼저 내 적성에 맞는 곳인지 판단해야 한다. 둘째는 누구에게도 빼앗기지 않을 지식과 기술의 습득이 돈보다 더 귀한 자산이라는 믿음을 가져야 한다. 이에 부연해서 30대 이전엔 돈에 대해 너무 강박감을 갖지 말라고 조언한다.

이런 나의 생각들이 후배와 젊은이들에게 다시 잘 전해지기를 간절히 바라면서 이번 글을 썼다. 어쩌면 이 일은 대한민국이 계속 번영해 나가기를 소망하는 나의 마지막 충정인지도 모른다. 올해는 결혼한 지 50년째 되는 해다. 부부에 관한 명언 중 내가 좋아하는 구절이 있다. 토마스 풀러는 '남자가 가지고 있는 최고의 재산 또는 최악의 재산은 바로 그의 아내이다.' 라고 했다. 그런 면에서 나는 최고의 재산을 갖고 있다. 긴 세월을 변함없는 헌신으로 뒷바라지해준 아내가 있기 때문이다. 금혼을 맞아 특별히 진정 고맙다는 말, 사랑한다는 말을 전하고 싶다. 그리고 아들 딸 며느리, 손주에게 사랑한다는 말을 전한다.

끝으로 지난 번 책에 이어 또 다시 부족한 글들을 모아 멋진 책으로 만들어준 리음북스 김종섭 대표에게 감사한다.

2021년 3월
광교산 시루봉 아래에서
靖欽 민종기 씀

차례

3장 살며 사랑하며

4장 여행과 여가

5장 나의 경영 노트

6장 나라 걱정

1장

고향과 어머니와 아내

어머니의 이상한 심부름

초등학교 1학년 때 일이다. 어머니는 나 혼자 기차를 타고 명봉까지 갔다 오라고 심부름을 시켰다. 명봉으로 시집간 사촌누이 집에서 하룻밤 잔 후, 누나가 주는 물건을 받아오면 된다는 것이다. "엄니, 나 혼자?" 깜짝 놀란 표정을 지었다. "엄니, 어떻게 혼자 기차를 타고 가요?" 어머니의 심부름이 감당하기 어려워 보였다. "엄니 저 못 가요! 무서워요." 잠까지 자고 온다는 것은 더욱 싫었다. 못 간다는 막내아들의 거절에도 어머니는 막무가내였다. 처음에는 달래고 설득했으나 자신 없다는 아들의 반응에 이제는 윽박질까지 하셨다.

"엄니랑 정거장까지 가서 기차 태워줄 테니 두번째 정거장에서 내리기만 해. 사촌 누이가 나와 있으니까 걱정 안 해도 된다."

결국 겁먹은 표정을 지으며 어머니를 따라 기차역으로 향했다. 당시에는 시계도 없었기 때문에 눈대중으로 해질 무렵이면 기차가 온다는 느낌만으로 서둘러 떠났다. 기다려도, 기다려도 기차는 오지 않았다. 속으로 차라리 오지 않았으면 좋겠다고 생각했다. 눈치를 챘는지 어머니는 계속 나를 어르고 달려며 안심시켰다. 하던 말을 거듭 반복하셨다. 드디어 하얀 거품을 물고 증기 기관차가 요란한 굉음을 울리며 플랫폼으로 기어왔다. 기차 화통 양쪽 바퀴 사이에서 끊임없이 뿌연 증기연기를 내 품고 들어오는 기차는 괴물 같았다.

기차라고 해봐야 여객열차가 아닌 화물열차 맨 끝 한 칸을 사람들이 탈 수 있도록 개조한 열차였다. 그 칸에는 나무 의자 몇 개를 설치했을 뿐 허름하기 짝이 없었다. 드디어 어머니를 뒤로 하고 혼자 기차를 타고 명봉역을 향해 출발했다. 옆에 앉아 있던 어른에게 두 번째 정차역인 '명봉역'에 무사히 내릴 수 있도록 도움을 청했다. 기차는 칙칙 폭폭 소리를 내며 순천 종착역을 향해 순조롭게 달려갔다. 첫 번째 정차역 도림역에 도착해 잠깐 머물다 또 달려갔는데 도림역과 명봉역 사이에는 길고 컴컴한 기차터널이 있었다. 일명 '명봉터널'이다.

이 터널은 경사가 심하고 커브길이기에 기차들은 이 터널을 지날 때마다 바짝 긴장했다. 옛 터널들은 대부분 산정상 가까운 곳에 뚫려져 있었다. 터널의 길이를 최대한 줄이기 위해서는 산꼭대기 부근에 터널을 설치해야 하기 때문이다. 터널 입구에 들어가면 기차는 숨이 가빠 여지없이 거북이걸음을 해야 한다. 나를 태운 증기 기관차도 숨이 차서 헐떡거리며 앞바퀴 돌리기에 안간힘을 다썼다. 터널 중간 지점이 가장 높은 고개인데 기차는 마지막 힘을 토해내며 올라갔다. 그러나 기관차는 지친 나머지 안타깝게도 멈추고 말았다. 전진도 후진도 못하는 진퇴양난에 빠져버렸다. 고장난 것이다. 터널 속 암흑에 갇힌 승객들은 그야말로 아비규환이었다. 마치 지옥처럼 옆 사람의 말만 들릴 뿐 형체는 전혀 볼 수 없었다. 한참을 꼼짝 못하고 있는데 어디선가 불빛이 보이기 시작했다. 차장이 비상플래시를 켜고 사람들을 기차에서 내리게 한 후 일렬로 줄을 세워 터널 밖으로 유도했다.

나는 울다 지친 몸으로 앞사람의 뒤 허리띠를 힘껏 붙잡고 한 걸음씩 줄지어 느린 걸음으로 얼마를 걸었는지 모른다. 드디어 터널을 빠져 나와 산으로 올라갔다. 30여 명의 손님들은 모두가 터널을 빠져 나와 산등성이로 올라갔다. 때는 11월 늦가을, 밤기운은 칼바람을 앞세워 세차게 몰아쳤다. 다행히 출발역인 광주에서 새로운 기차가 도착하면 고장난 차를 끌고 간다는 얘기를 들었다. 그러나 광주에서 출발한 기차는 논스톱으로 온다 해도 족히 두 시간이 걸린다는 얘기에 승객들은 탄식하고 말았다.

승객들은 두 시간 동안 산등성이에서 예인할 기차를 기다릴 수밖에 없었다. 사람들은 당장 추위를 견디기 위해 묘책을 찾아 나섰다. 다행히 가을걷이가 끝난 밭두렁에는 마른 옥수숫대가 널려 있었다. 누군가 그것을 모아 불을 피워 간신히 추위를 면할 수 있었다: 두 시간이 지나면 기차는 반드시 온다는 차장의 말을 듣고 기다렸으나 우리를 구해줄 기차는 도대체 보이질 않았다. 밤 12시가 넘도록 기다려도 소식이 없자, 나는 그만 잠이 들고 말았다. 한참 지나서 누군가 깨우는 소리에 벌떡 일어났다. 그 많던 승객은 단 한 사람도 보이지 않았다. 나를 깨운 것은 차장이었다. 다른 사람은 전부 기차에 올라탔으나 한 사람이 보이지 않아 산으로 다시 올라와 나를 찾았다는 것이다. 정말 큰일날 뻔했다. 당시에는 무서운 산짐승들이 많던 시대인데 지금 생각해봐도 아찔한 순간이 아닐 수 없다. 만약 깊은 산속에 나를 그대로 둔 채 기차가 떠났다면 어찌되었겠는가. 십중팔구는 맹수의 밥이 되었을 것이다. 그때의 일은 생각만 해도 떨리고 소름이 돋는다. 마지막으로 기차에 오르자 기차는 마침내 출발했다. 20분도 채 안돼 기차는 명봉역에 도착했다. 허겁지겁 기차에서 내려 대합실을 빠져나왔다.

이번에는 기차역에서도 문제였다. 너무 늦은 시간인지라 사촌누이가 있을 리 없었다. 그저 신작로 건너편 산등성이에 파란 불들만이 여기저기 번뜩거렸다. 도깨비불들을 보자 또다시 공포감이 엄습했다. 이럴수록 정신을 바짝 짜려야 했다. 곰곰이 생각하다 역무원에게 주소지를 적힌 곳을 묻고 역무원이 자세히 설명해준 동리로 한달음에 달려갔다. 어디서 그런 힘이 생겼는지 지치지 않고 달렸다.

새벽녘이 돼서야 누이 집을 겨우 찾았다. 누이는 기다렸다는 듯 너무도 반갑게 맞아주었다. 신발은 흙탕물에 빠져 엉망이었고 얼굴은 터널 속에서 그을려 새까맣게 변해 엉망진창이었다. 씻고 잠깐 잠을 청한 다음, 해가 중천에 떠오르자 어머니가 부탁했던 물건을 받아 쥐고 다시 돌아오는 기차에 올랐다. 어머니께서 막내아들에게 무리하게 시켰던 심부름을 무사히 끝마쳤다. 도대체 그 물건은 무엇이었을까? 어머니는 당시에는 비밀에 부쳤지만 나중에야 그 물건의 비밀을 알아냈다.

당시 어머니는 약간 이성을 잃은 상태였다. 어머니는 아버지와 불화가 잦았다. 점점 그 빈도와 강도가 심해졌다. 아버지의 바람기가 극해 달했기 때문이다. 어머니는 백방으로 묘책을 찾은 끝에 바람기의 처방차원에서 민간요법을 발견한 것이다. 다소 황당한 에피소드라 할 수 있다. 그때 사촌누이에게 받아오라는 물건은 당시에도 굉장히 귀했던 '검은 수소(황소)의 생식기 털'이었다. 이것을 태운 가루를 아버지가 드실 국에 넣으면 남자의 바람기가 멈춘다는 것이었다. 황당한 처방이지만 오죽 답답했으면 어린 아들에게 그런 어려운 심부름을 시켰을까? 어른이 되고 나서야 시꺼멓게 타버린 어머니의 가슴을 이해할 수 있었다.

'천상에 계신 우리 어머니! 막내아들이 효자 노릇 한번 잘했지요?'

여름밤의 추억

부모님 곁을 떠나 서울에서 학교를 다니던 고등학교 시절, 방학을 맞으면 부모님이 계시는 고향에 내려가 한 달 가량 지내곤 했다. 방학이 다가오면 부모님이 계신 고향집에 간다는 생각에 밤잠을 설치기도 했다. 60년대는 너나할 것 없이 경제적으로 어려운 시절이었다. 농촌은 전기가 들어오지 않아 호롱불에 의존하며 생활했기에 밤에는 여러 모로 불편했다. 저녁이면 대부분 불을 켜지 않고 일찍 잠자리에 들곤 하지만 밝은 달이 뜨거나 별이 반짝이는 밤이면 동리 분들은 별빛을 벗 삼아 나들이를 했다.

어머니도 그랬다. 해거름이면 밭일을 서둘러 마치시고 한달음에 달려와 저녁을 서둘러 준비하셨다. 어둠이 내리기 전에 자식이 좋아하는 저녁 찬거리를 만드느라 마음이 바쁘셨으리라. 마당 한가운데 평상이 놓여있어 여름 한철은 그 시원한 평상에서 저녁밥을 먹었다. 식사를 마치면 어머니와 나란히 누워 그동안 지내온 얘기를 나누는 등 모자만의 시간을 보내곤 했다. 말린 풀잎과 쑥가지를 태워 모깃불 연기를 일으켜 모기를 쫓으며 참외, 수박, 옥수수를 먹으면 그 또한 별미였다.

별과 은하수로 장관을 이루는 밤하늘을 바라보면 그 수많은 별들이 금방이라도 후두둑 한꺼번에 쏟아질 것 같았다. 그 빛나는 은가루 별밭을 올려다보며 상상의 나래를 펼쳤다. 달이 뜨지 않는 밤이면 별은 더욱 큰 빛 잔치를 펼친다. 파르스름한 반딧불 또한 별빛에 화답하고, 이름 모를 풀벌레들은 우주의 교향곡을 연주하듯 신비스런 소리로 한바탕 향연을 펼쳤다.

어느 날 밤 막 잠자리에 들려던 참이었다. 갑자기 하늘에서 환한 빛이 온 동리를 밝게 비췄다. 꼬리 달린 둥근 발광체가 둥실둥실 지붕 위로 지나가는 것이 아닌가. 그 섬광체는 1분 동안 빛을 발하더니 칠흑 같은 어둠을 헤치며 이내 마을 어귀로 사라져 갔다. 처음 보는 놀라운 광경이었다. 동리 입구에는 마을을 지키는 수백 년 된 당산나무가 있었다. 마실 나온 노인들은 삼삼오오 모여앉아 더위를 식히곤 했는데 그날 밤도 노인들은 한창 이야기꽃을 피우고 있었다. 그런데 갑자기 횃불처럼 생긴 빛이 마을 한복판으로 날아가는 것을 보고 노인들은 서둘러 집으로 돌아갔다.

갑작스럽게 나타난 빛을 보고 두려워하자, 어머니는 그 빛은 사람의 '혼불'이라고 하시며 걱정 말라고 달래주셨다. 혼불이란 사람이 죽기 전에 몸 밖으로 빠져나오는 영혼으로서 불의 모습으로 비춰진다는 것이다. 혼불을 20대 전에 본다면 살아가는 동안 언젠가는 또 볼 수 있다고 하시며 혼불의 크기와 색깔은 다양하지만 특히 남성과 여성의 혼불 크기는 큰 차이가 있다고 일러주셨다.

방금 사라진 혼불은 마을 맨 웃집에 사는 양씨 집안의 할머니 영혼으로 그 분이 곧 돌아가실 것 같다고 말씀하셨다. 어머니의 이야기는 나를 더욱 두렵게 했다. 마치 어린아이처럼 어머니 곁에 꼭 붙어 있었지만 생명의 사라짐, 혼불의 공포는 쉽게 가라앉지 않았다.

방학이 끝나고 서울로 다시 상경한 뒤 결국 할머니는 돌아가셨다는 소식을 들었다. 그런데 20대 이전에 본 사람은 그 후에도 다시 볼 수 있다는 어머니의 말씀과는 달리 지금까지 혼불을 다시는 보지 못했다. 아니 그 누구에게서도 혼불을 발견했다는 이야기는 듣지 못했다. 도시에서는 밝은 전등불 때문에 볼 수가 없기 때문이다.

내가 뒤늦게 혼불을 떠올린 것은 최명희의 대하소설 '혼불' 때문이다. 혼불의 사전적 의미는 '사람의 혼을 이루고 있다는 푸른빛' 이다. 그 혼불을 주제로 한 최명희의 대하소설은 세시풍속, 관혼상제, 음식, 노래 등 민속학적 고증을 토대로 창작한 국문학적인 가치가 매우 높은 작품이다.

혼불을 떠올리게 한 또 하나의 작품은 혼불 조각상이다. 서울 삼성의료원 장례예식장 현관 앞에는 파란 조각상이 세워져 있다. 이 조각상의 형태와 색깔이 학창시절 내가 보았던 혼불과 흡사했다. 그 조각상을 보고 내 어린 시절의 혼불이 떠올라 한참을 그 자리에 서서 바라보았다. 아마도 혼불 조각가도 나처럼 사람의 빛, 혼불을 보았음에 틀림없다.

오래 전에 경험한 일이건만 지금도 손에 잡힐 듯 생생하게 떠오르는 그날 밤, 어머니와 함께 보았던 그 혼불은 잊지 못할 추억이 되었다. 그리고 참으로 아련한 그 여름밤의 정경, 무수한 별들과 풀벌레소리는 지금도 귓전에 울리고 소중한 추억으로 가슴에 남아 영원히 나와 함께 살아간다. 그래서 고향하면 어머니, 어머니하면 고향이 떠오른다. 헬만 멜빌레가 언급한 바 '인생이란 고향으로 향하는 여행'이라고 했다. 이렇듯 무엇과도 바꿀 수 없는 아름다운 고향의 추억, 여름밤을 가진 나는 참으로 행복한 사람이다. 경쟁에서 뒤떨어지면 안된다는 강박 때문에 방학에도 공부만 전념하고 있는 요즘의 아이들이 안쓰럽다. 먼 훗날 우리 아이들에게 추억이라는 게 있기나 할는지...

고향에 찾아와도

고향을 떠나온지 어언 60년이라는 세월이 흘렀다. 너무 오랜 세월이기에 고향을 잊고 살았다고 해도 과언이 아니다. '고향은 어머니의 땅'이라고 하지 않았던가. 부모님이 돌아가신 후에는 고향 생각이 더욱 멀어진 것 같다. 사계가 뚜렷해 봄이면 뒷산에 진달래 피고 초가집 앞마당에는 살구꽃, 벚꽃들이 만발하게 피어나는 곳이 나의 고향, 오류리 상촌마을이다. 보리피리 꺾어 불며 논두렁길 타고 기차놀이 하며 뛰놀던 정든 고향 언덕에는 지금도 할미꽃 한 송이가 피어 있을까?

휴일이면 또래 친구들과 함께 노란 장다리꽃 내음 맡으며 봄맞이 교향곡을 노래했던 그곳이다. 샛길 옆으로 흐르는 작은 개울가에 흐드러진 버들강아지 사이로 버들치가 우리를 반기곤 했다. 골목길 따라 동리를 벗어나 기찻길 건너, 드디어 넓은 신작로로 접하면, 경주라도 하듯 뜀박질이 시작됐다. 기차역 예배당에 도착해 예배를 마치고 나면 전도사는 노란 옥수수빵을 나눠주었다. 그 맛있는 빵을 금방 먹어 치우고 다시 집으로 돌아오곤 했다.

올해는 피서철을 맞아 모처럼 뜻있는 휴가를 보내고 싶었다. 같은 고향에 태어나 유년시절을 함께 했던 깨복쟁이 고향 친구 세 명을 초대해 1박 2일 추억여행을 제안했다. 각자 가족이 있는데도 불구하고 흔쾌히 동의해 고향으로 출발했다. 고향으로 향하는 내내 흥분했다. 얼마나 보고픈 고향 산천인가. 얼마나 그리워하던 유년시절 친구들인가. 여름이면 벌거벗은 채 개울가에서 물장구치며 해지는 줄도 모르고 뛰놀던 동갑내기들이다. 지금은 나이들어 각자의 삶을 살고 있지만 마음속에는 늘 고향과 동무들을 잊지 못했으리라. 뒤늦게나마 함께 여행을 떠나는 일은 새로운 기쁨을 선사해주었다.

광주에 도착했다. 맛의 고향 광주에 왔으니 어찌 그냥 지나칠 수 있을까 싶어 광주에 사는 친구와 함께 전통 한정식 집을 찾았다. 수십 가지 음식에 절로 탄성이 나왔다. 전통 한식에, 친구들의 소식이 곁들인 오찬시간은 우리들을 어린 시절로 되돌려 놓았다. 광주를 뒤로 하고 화순 이양으로 향했다. 불과 30분 거리에 있는 고향에 도착해 초등학교 때 단골 소풍장소였던 쌍봉사를 방문했다. 역사적으로 유서 깊은 사찰이지만 어린 시절 이후 처음 방문한 것이다. 쌍봉사에 도착하자 모든 것이 가물가물할 뿐 또렷이 기억나는 게 없다. 쌍봉사는 신라 경문왕 때 철감선사 도윤이 이곳 산수가 수려함을 보고 창건한 고찰이다.

대웅전 마루에 걸터앉아 학교에서 한 시간 이상 걸어서 소풍왔던 옛 추억을 더듬어 보았다. 당시에 있었던 큰 비자나무는 지금도 묵묵히 자리를 지키고 있었다. 비자나무가 얼마나 큰지 나무 그늘 아래서 어머니께서 준비해 주신 도시락을 맛있게 먹었었다. 우리가 앉았던 흔적을 더듬어보고 서로의 얼굴을 바라보며 인생무상의 쓴 웃음을 지었다.

아쉬움을 뒤로 하고 60년 전 졸업했던 초등학교를 향해 달려갔다. 당시의 교실은 간 곳 없고 새 건물로 변했으며 운동장마저 트랙이 선명한 우레탄으로 깔려 있었다. 모래 운동장은 사라지고 곱게 포장된 아름다운 운동장으로 변한 모습에 기쁨보다는 서운함이 앞섰다. 늙은 팽나무만이 천년의 역사를 간직한 채 묵묵히 학교를 지키고 있었다.

운동장 연단을 바라보며 아침조회와 국경일 행사 때마다 만세삼창을 목이 터져라 불러대던 옛 일이 떠올랐다. 함성이 아련하게 들려오는 듯 감회에 젖기도 했다. 가을 운동회는 선생님과 학생들은 물론 가족들까지 참가한 축제 한마당으로 펼쳐지곤 했다. 그날의 즐거웠던 추억이 새록새록 피어났다. 조별 달리기에서 일등을 차지해 공책을 받았던 일이며, 두 사람의 발을 묶어 달리게 하는 합동경주에서는 넘어지는 바람에 꼴찌했던 일도 생각났다. 옛 추억에 젖어 발길을 옮기지 못하고 있는데, 해는 벌써 서산에 기울기 시작했다. 밀려오는 감회와 추억들을 남겨두고 죽기 전에 언제나 또 올 수 있으려나 하는 아쉬움을 뒤로 하고 정든 학교 운동장을 떠났다.

오랜만에 고향에 온 김에 각자 부모님들 산소를 찾아 성묘를 한 뒤 상촌마을에서 유일하게 고향을 지키며 살고 있는 동창집에서 다시 만나기로 했다. 소식을 전해 들은 친구는 토종닭 백숙을 준비했다. 막걸리잔으로 건배를 시작한 만찬은 너무도 근사한 파티가 되었다. 집에서 만든 막걸리며 직접 기른 토종닭 백숙 맛은 어찌 그리 맛있던지…

'고향을 찾아도 그리던 고향은 아니더뇨,
두견화 피는 언덕에 누어 풀피리 맞춰 불던 옛 동무여,
흰구름 종달새에 그려보는 청운의 꿈을 어이 헤며 가느냐.
어이 세워 가느냐.
산은 옛 산이로되 물은 옛 물이 아니로다,
실버들 향기 가슴에 안고, 배 띄워 노래하는 옛 동무여,
흘러간 굽이굽이 적셔보던 야릇한 꿈을 어이 헤며 가느냐.
어이 세워 가느냐.'

최갑석의 가요 '고향에 찾아와도'의 가사처럼 아쉬움 가득한 우리들의 이야기는 끝이 없었다. 옛날은 가고 추억만 남아 있으니 그 추억을 밤새 얘기해도 끝이 있을 리 없다. 고향에서의 하룻밤이 깊어지자 옛 사람들은 간 곳 없고 동창 한사람 달랑 남았다는 게 서글프고 안타까웠다. 고향에 찾아가니 인걸은 간 데 없고 산천만 남았구나 하는 옛 싯귀를 생각하며 깊은 한숨을 토했다.

화순에서 아침식사를 마친 뒤 담양으로 출발했다. 모처럼 귀한 여행길이니 죽녹원과 송강 정철이 머물렀던 소쇄원도 들려보았다. 고즈넉한 소쇄원의 역사를 더듬으면서 양반들의 삶에 부러움을 갖는 사이, 어느새 시간은 석양을 가리켰다. 서둘러 귀향길을 재촉했던 1박2일 우리들의 아름다운 고향여행은 우정어린 추억으로 기억되리라.

소쇄원과 죽녹원

담양은 양반의 고장으로 고하 송진우 선생이 태어난 곳이기도 하다. 담양에 들어서자 메타세콰이어 가로수 길이 반듯하게 도열해 우릴 반겼다. 우뚝 솟은 푸른 가로수들은 하늘 터널처럼 장관이었다. 감탄사를 연발하며 8.5km 메타세콰이어 길을 지나자 죽녹원이 맞이했다. 31만 평의 죽녹원은 대나무숲과 담양의 정자 문화를 볼 수 있는 '시가문화촌'으로 조성되어 있다. 시가문화촌은 조선 중기 '가사문화'의 산실을 꽃피운 정철 등 문인을 기념하기 위해 만들어진 공간이다. 한옥 체험장과 아름다운 정자, 연못 등이 있는 대나무 사이를 걸었다. 살랑거리는 바람과 대나무향에 묻은 청량감은 최고의 힐링을 선사했다.

소쇄원이란 곳은 또 어떤가. 조선 중기의 대표적인 원림이며 아름답기로 손꼽히는 곳이다. 곧게 자란 푸른 대숲을 걸으면 세상 잡사를 다 잊은 듯 마음이 차분해지며 머릿속도 갓 세수한 얼굴처럼 깨끗해진다. 하늘을 가린 대나무 길이 끝난 지점에서 천국의 빛깔처럼 환한 소쇄원이 나타난다. 자연과 인공이 적절히 어우러진, 하늘과 나무와 물처럼 바람을 닮은 정자마저 자연의 일부로 느껴진다. 소쇄옹 '양산보'는 스승 조광조가 유배되자, 일찌감치 고향으로 내려가 은둔 생활을 하며 소쇄원을 조성했다. 청정한 대숲을 지나면 대봉대가 나오고, 애양단 담장의 동백나무가 보인다. 오곡문 담장을 가로질러 광풍각과 제월당 쪽으로 가려면 외나무다리를 건너야 한다. 조심스럽게 한 발 한 발 내딛다 보니 몸도 마음이 차분해진다.

송강 정철은 벼슬에서 물러나 고향 성산으로 내려와 4년 동안 지냈다. 후손들은 당시 정철이 지내던 터의 정면에는 송강정을, 측면에는 죽녹정 현판을 달았다. 이곳에 머물며 지은 '사미인곡'(思美人曲)은 조정에서 물러나 왕을 그리워하는 마음을 여인의 마음에 비유한 시구이다. 시를 읽으면 남녀의 열애보다도 더한 애절함을 느낄 수 있다. 주변 정자마다 온통 배롱나무가 군락을 이룬 아름다운 모습은 고풍스런 품격을 더해준다. 고즈넉한 소쇄원의 역사를 더듬다보면 시간 가는 줄 모른다. 담양을 가려거든 소쇄원과 죽녹원을 놓치면 안된다.

달라진 고향

오늘은 특별한 행사가 있다. 행사장이 내 고향 전남 이양에서 그리 멀지 않은 화순군 춘양면에 있기에 아침 일찍부터 서둘렀다. 10월 단풍의 계절인지라 주말 관광객들이 많을 것 같아 예정보다 한 시간 앞당겨 출발했다.

안타깝게도 지난해 말 부모님 같은 큰형님을 저 세상으로 떠나보내고 슬픔이 채 가시기도 전 4개월 후에는 둘째 형님마저 떠나보내야 하는 이별의 아픔을 겪었기에 온 집안이 슬픈 나날을 보내야만 했다. 3남 3녀의 집안에서 두 형님을 졸지에 잃고 이제 70대인 나와 두 누이만 남았다. 86세에 생을 다하신 큰형님께서는 말년에 고향에 내려가 근 10여년 동안 문중 일에 헌신하셨다. 직계 자손들은 각자 조상을 모시겠다고 했지만 이산 저산 흩어져 있던 조상들의 묘를 고향 뒷산으로 이장해 가족묘원을 조성하셨다. 후손들이 성묘나 산제를 수월하게 지낼 수 있도록 정비했다. 31대 조상이 모셔져 있는 만지산 정비에 온 정성을 다했고 묘원 정비와 국가 보상 청구에 열정을 쏟았다. 그 결과 고인돌 유적지(유네스코 등재) 10만 평을 정부에 매각함으로써 거액의 보상금을 받기도 했다.

문중 종친들은 형님의 헌신적인 희생과 공을 기리기 위해 공적비를 건립하기로 뜻을 모아 제막식을 가졌다. 세계 유네스코 지정 유적지 내에 형님의 공적비가 세워져 무엇보다 기쁘고 가문의 영광이며 후손들에게도 좋은 교훈이 되는 즐거운 일이 아닐 수 없다.

종친의 원로 어르신들과 함께 엄숙하고 경건하게 제막식이 거행되었다. 도시락과 음료수로 화기애애한 가운데 점심시간을 보내며 웃어른들과 인사도 하고 정담도 나누는 등 뜻깊은 시간이었다. 행사를 마치고 어린 시절의 고향집과 선산의 할아버지를 비롯해 증조 고조 내외분들이 모셔져 있는 집안 가족 묘지를 찾아 성묘했다. 5년 만에 찾은 고향이다. 부모님이 살아 계실 때처럼 실감이 날 리가 없다. 그래도 어렸을 때 초등학교를 다니며 뛰놀던 동산이며 자동차 한 대 겨우 지나갈 수 있는 좁은 골목길들은 60년 전이나 지금이나 변하지 않고 그대로였다. 잠시

나마 추억들을 떠올려 음미했다.

가옥들은 대부분 폐가로 변해 있고 산소 가는 길도 잡풀들이 무성해 길을 막았다. 그나마 동네 양쪽으로 흐르는 작은 도랑에서 버들치 한두 마리가 나를 반갑게 맞이했다. 개울가를 따라 올라가면서 가재 잡던 옛 추억이 새록새록 피어났다. 다랑이 논은 그대로라지만 더이상 벼들은 찾을 수 없었다. 수풀만 우거진 잡종지 토지로 방치돼 있었다. 약 한 시간 정도 인적이 없는, 고요하고 적막하기만 한 고향집 우리 동네에 머물렀다. 언제 또 올 수 있을까?

보고픈 어머니

남쪽 하늘 저 멀리 고향집이 그립네.
뒷마루 걸쳐 앉아 물레 돌리는 어머니
한 올 실 끊어질세라 조바심하며
서울 간 자식 생각 물레소리만 들리네.

뒷산마루 일구신 작은 텃밭에
어머니 오곡이 무르익어
황금물결 넘쳐나고
허리 굽힌 허수아비
산새들 쉬어 갈 때면
서울 소식 궁금해 시름을 달래네. (민종기 시 '고향집')

백리를 달려 남도로 달려가면
비가 새어 들고 바람이 몰아치는 옛집에
절룩거리며 마중 나오는 성자가 산다.

나보다 나를 더 사랑해주는 그 사람
자신의 모든 것을 다 내어주어도
더 못 주어 안타깝다던 그 사람

그가 있어 세상은 살 만 했고
생은 축복이라고 생각해도 좋았다.

수백 번 자신이 팔렸음에도
한 번도 못난 자식을 탓하지 않았다.

신은 자신의 사랑을 전할 길 없어
이 땅에 그를 대신 보내 주셨다

고향에는 성자가 산다.

발을 절며 서울 가는 나를 마중하는
늙은 예수가 산다.

(김용원 시 '고향에는 성자가 산다')

내 고향 남쪽 하늘 아래 이양면이 있다. 초등학교를 졸업하고 서울로 유학을 떠나면서 유년 시절 뛰놀던 고향 산천과 이별했다. 부모님은 시골에서 더 이상 공부시킬 수 없어 어린 막내아들을 위해 서울로 유학을 보낸 것이다. 16년이나 차이 나는 형이 이미 서울에서 자리를 잡고 있었기에 어머니께서는 안심하고 서울로 보냈다. 3남 3녀 중 막내로 태어난 나는 어머니의 사랑을 독차지하며 자랐다. 다섯 살 때까지 어머니의 젖을 먹고 자랐다고 하니 얼마나 어머니 사랑을 독차지하고 자랐겠는가. 지금도 어렴풋이 기억난다.

초등학교 다닐 때까지 어머니 가슴을 만지며 잠들곤 했다. 그렇게 어머니 가슴에 묻혀 자라던 나로서는 어머니 곁을 떠나 천리만리 먼 서울로 떠나는 일이 너무도 슬프고 괴로웠다. 어머니 또한 어린 막내아들을 곁에 둘 수 없어 몹시 안타깝고 가슴 아파하셨을 것이다. 이렇게 어머니는 자식의 장래를 위해 당장의 아픈 이별을 감내했다. 나의 서울 생활은 초등학교 6학년에 편입하면서 시작됐다. 다행히 어린 나이인지라 낯선 서울 생활에 어렵지 않게 적응해나갔다. 어머니와의 생이별의 아픔과 서울 생활로 인한 외로움은 모든 것이 낯선 환경에 적응하느라 끼어들 틈이 없었다. 그만큼 복잡하고 긴장된 나날이었다.

세월은 그렇게 흘러 서울 생활 3년이요, 어머니와 이별한 것 또한 3년이 되었다. 어엿한 중학교 2학년이 되어 제법 서울 학생다워 보였다. 정신없이 학교에 다니다 3년 째가 되자 잊었던 고향 생각이 간절했다. 어머니가 보고 싶어 견딜 수 없었고 홀로 눈물을 닦아내기도 했으며, 벌거벗은 채 물장구치던 친구들에 대한 그리움도 파도처럼 밀려왔다. 상경하여 세 번째 맞은 여름 방학이 시작되자 나는 형에게 간청했다. 이번에는 꼭 고향에 가서 여름 방학을 어머니와 함께 지내고 싶다고 말했다. 형수님도 쾌히 승낙해 주자 벌써부터 어머니를 만날 생각에 뜬눈으로 밤을 지샜다. 수학여행을 떠나기 전의 들뜬 마음과는 비교할 수 없을 만큼 흥분되었다. 어서 빨리 달려가 어머니의 따뜻한 품에 덥석 안기고 싶었다. 철없는 어린아이로 투정만 부리던 내가 3년 세월이 흐르는 동안 의젓하게 변해 버린 모습을 빨리 보여 드리고 싶었다.

마침내 7월말이 되어 방학식을 마친 다음날, 광주행 완행열차에 몸을 실었다. 생전 처음 겪어 보는 독립 여행인지라 긴장과 두려움이 몰려왔지만 꿈에 그리던 어머니가 계신 고향집을 간다는 생각에 즐거움이 훨씬 더했다. 드디어 11시간의 긴 여행 끝에 고향역에 도착했다. 플랫폼을 지나자 길가에 연보라빛 무궁화가 활짝 반겼다. 꽃들마저 마치 10년 만에 만난 친구처럼 반가웠다. 아련한 반가움에 희열이 넘쳤다. 6년 동안 무시로 다녔던 정든 신작로도 주인을 다시 만나듯 정겹게 나를 품어 주었다. 동리 어귀에 들어서자 골목길을 에워싼 흙담들도 담쟁이 넝

쿨 사이로 고개를 내밀며 반갑게 인사했다.

골목길을 벗어나 작은 도랑을 따라 만난 우리집, 서슴없이 대문을 열고 '엄니' 하고 외쳤다. "아이고, 내 새끼냐!" 맨발로 뛰어나와 안아 주시는 어머니. 나도 모르게 눈물이 왈칵 쏟아져 내렸다. "에미 많이 보고 싶었제? 어디 아픈 데는 없고? 아이고 내 새끼야." 어머니도 우셨다. 그 어린 막내자식을 먼 길 보내고 그동안 얼마나 걱정이 많으셨을까. 어머니는 자나깨나 자식 생각에 수많은 밤을 지새우셨을 게다. 어머니와 3년간 떨어져 있다가 다시 만나자 마치 오랫동안 이곳에서 생활해온 것처럼 예전의 일상 생활로 접어들었다. 그러나 차이가 있었다. 전에는 어머니에게 매달리며 요구만 했지만 이제는 어머니 곁에서 무언가를 도와드리려고 쫓아 다녔다. 작은 심부름부터 김매는 일까지도 무엇이든 어머니가 힘들어하는 농사일까지 도와드렸다.

낮시간이 긴 여름 하루가 지나면 금방 밤이 찾아온다. 전깃불이 들어오지 않는 시골이기 때문에 밤하늘의 은하수는 여름밤을 수놓으며 농사일에 지친 농심을 달래주었다. 서울에서는 볼 수 없는 우주쇼를 끝없이 펼치며 빛의 장관을 이루었다. 어머니의 무릎에 누워 별을 헤아렸고 나의 별을 찾다가 잠이 들고 말았다. 그렇게 어머니와의 짧은 추억을 남긴 채 여름 방학은 끝났다. 내일이면 다시 어머니와 이별이 시작된다. 인생이란 그렇게 만남과 헤어짐의 연속임을 나는 일찍부터 알았나보다.

아내의 헌신

아내를 처음 만난 것은 55년 전 여름이다. 한 아주머니와 함께 길게 늘어트린 생머리의 아가씨가 집안 어르신을 뵙기 위해 들렀을 때 먼 발치에서 희미하게 보이던 모습이 기억될 뿐이다. 그 후 2년이 지나 우리 회사에 신입사원으로 들어오게 되어 2년의 연애 끝에 결혼하게 되었다. 인연이란 참으로 묘하다. 그저 설핏 스쳤을 뿐인데 두 해가 지나도록 잊지 못하고 다시 만나게 될 줄이야! 아내는 서울 태생이지만 다소곳한 품성이 영락없이 시골 처녀의 모습이었다. 수수하고 말수가 적은 순결함 그 자체였다. 그 모습이 맘에 들어 좋아했다.

당시 나의 여건은 매우 열악해서 어느 것 하나 갖춰진 것이 없었으며 경제적으로도 매우 곤고했다. 이런 조건에 비춰볼 때 결혼은 무리였다. 그럼에도 불구하고 장모님을 만나 밤새 설득한 끝에 허락을 받아 냈다. 가진 게 없지만 건강한 몸과 마음으로 열심히 노력하며 살겠다는 의지와 열정만이 전부였다. 결혼하기 위한 자본은 기껏해야 배우자만을 가장 사랑하겠다는 굳은 의지와 결심의 각오뿐이었다. 아내 또한 나의 진정성을 믿고 사랑한다는 이유만으로 조건 없이 나의 배우자가 되었다.

1970년 12월 27일, 그해 겨울은 몹시 추웠다. 크리스마스가 이틀 지난 그날은 싸락눈이 나부끼며 대지를 적셨다. 아침부터 결혼식 준비에 분주했다. 2년 동안 비밀 교제 끝에 치르는 결혼식인지라 기쁨과 흥분이 교차했다. 드디어 우리는 한 몸이 된 것이다. 비밀리에 만나 저녁만 되면 어쩔 수 없이 헤어져야 했는데 이제 둘이 하나가 되어 매일 함께 할 수 있다는 것이 꿈만 같았다. 다만 경제적인 어려움으로 예물을 충분히 마련해주지 못해 신부에게 미안하고 안타까웠다. 이런 저런 부족함에도 불구하고 나를 따라준 아내가 너무 고마워 꼭 보답해주리라 몇 번이고 다짐했다.

결혼식을 마치고 친구의 안내로 워커힐호텔로 향했다. 가난한 신혼부부에게 위안이라도 해주려 듯 신혼여행은 워커힐로 온 셈 치자고 우스갯소리를 한 후 호텔 주변을 구경했다. 사진도 몇 장 찍고 멋진 아차산 길 드라이브를 마친 뒤 우이동 아카데미하우스로 향했다. 아카데미하우스는 기독단체에서 교육수련원으로 운용되고 있지만 특별히 신혼 부부들은 저렴하게 이용할 수 있도록 허용해주던 별장식 호텔이다. 2박3일을 지내기에는 너무도 아름답고 훌륭한 곳이었다. 북한산 봉우리들이 병풍처럼 둘러싸여 있어 그 전경은 지금도 눈에 선하다.

우리는 이제 행복과 희망을 찾아가는 길만 남아 있으니 그 길을 향해 가자며 굳게 약속했다. 아내가 곁에 있는 것만으로도 세상 모든 것을 가진 부자가 된 듯 했다. 아무리 험난한 일이 가로막혀도 능히 헤쳐 나갈 것 같은 용기도 생겼다. 2박3일의 신혼여행은 눈 깜박할 사이에 지나갔다.

신접살림은 영등포 어느 주택 단칸방에서 시작했다. 부엌은 겨우 밥을 지을 수 있는 연탄 아궁이가 전부였고 단칸방은 장롱 하나를 놓으니 두 사람이 겨우 발만 뻗을 만큼 협소했다. 그러나 어머니가 오시면 주무실 공간이 없다는 것을 제외하고는 큰 불편을 느끼지 못했다. 회사에 출근하면, 집에 가고 싶은 마음에 하루해가 길게만 느껴졌다. 아내 역시 하루 종일 나만 기다리다 잠이 들곤 했다. 어쩌다 늦게 귀가하는 나에게 서둘러 발을 씻겨주면 나는 순간 황제가 된 기분이었다. 경제적으로 빈곤한 신혼 생활이었지만 너무도 행복한 나날이었다. 아침이 되면 창틀로 비추는 밝은 햇살은 새날의 희망 메시지가 되어 세상 모든 것들이 설렘의 대상이었다. 하루도 몇 번씩 신부를 생각하면 자신감이 샘솟아 무슨 일이고 척척 해나갈 수 있을 것만 같았다. 퇴근길에 사들고 간 통닭 한 마리를 배우자와 함께 서로 양보하며 나눠 먹을 때는 고단했던 하루의 피로가 눈 녹듯 사라졌다.

신혼의 기쁨과 행복이란 바로 이런 느낌이구나 하는 생각이 들면서도 한편 이 행복이 오래 지속되지 않을까 두렵고 걱정되기도 했다. 그런 걱정 때문이었을까! 신혼의 기쁨이 채 가시기도 전에 타의로 인해 직장을 그만두게 되었다. 가정 사정은 더 형편없이 구차해지고 말았다. 그러나 직장을 잃고 방황했지만 아내의 표정은 변함없이 친절했다. 차비가 없어 망설이는 나를 보고 서슴없이 돼지 저금통을 털어 차비를 마련해주기도 했다.

한동안 특별한 일 없이 아침이면 어김없이 집을 나섰다. 당시 아내의 마음은 어떠했을까? 이러자고 저 남자를 따라 결혼했을까, 후회했을지도 모른다. 결혼이란 인생의 무덤이라고 했던 어느 철학자의 한탄을 토하지 않았을까? 별의별 생각이 나의 가슴을 아리게 했다. 어제도 오늘도 직장을 구하지 못해 허탈한 마음을 쓸어 안고 터벅터벅 집으로 돌아왔다. 기대에 부흥치 못해 아내 볼 면목이 없어 처절함마저 들었다.

'사랑은 누구나 다 할 수 있다. 사랑이 뭐 그리 대단한 것인가? 사랑이 밥 먹여주는 것은 아니지 않은가?' 갑자기 장모님의 얼굴이 떠올랐다. 두 사람의 결혼을 그렇게도 반대했던 이유를 이해할 수 있을 것 같았다. 이런 저런 생각에 좌절감은 더욱 깊어만 갔다. 하루하루 불안감에 휩싸여 초조하기만 했다. 어느 날 옥상에 올라 홀로 눈물을 삼키는 아내의 모습을 보았을 때 한심하고 능력 없는 자신이 너무도 부끄럽고 미웠다.

'따님을 절대 굶기거나 불행하게 만들지 않겠습니다' 하고 장모님께 굳게 약속했건만 이 상황을 어떻게 변명해야 할지... 오직 죽고 싶은 심정뿐이었다. 그러나 마음속 한구석에서 다른 소리가 들리는 듯 했다.

"아니야, 무책임하게 그럴 수는 없어! 책임을 져야지. 한 여인의 인생을 그리 희생시킬 수는 없어."

마음을 바로 잡고 내일부터는 체면 불구하고 작은 장사라도 시작해 당장 생계를 책임지기로 결심했다. 직장생활을 그만두고 6개월이 흐른 상태였다. 가정의 생계는 그야말로 바닥을 치고 있었다. 신용이 없어 대출할 형편도 못 되었다. 다행히 직장을 다니는 동안 박봉을 조금씩 떼어 들었던 보험금을 담보로 4만원(현재가 약 400만원)을 약관으로 대출받아 장사를 시작했다. 친강 회사를 다녔기에 고철에 대해서는 조금 익숙했기 때문에 우선 고철 중개업부터 시작했는데 다행히 당장 입에 풀칠은 할 수 있었다.

결혼 3년 만에 딸아이를 낳았다. 출산을 전후해 10개월 동안 아내의 고생은 이루 말할 수 없이 힘들었다. 신림동 언덕 위에 있는 2층 조금 넓은 집으로 이사왔지만 난방이 되지 않는 방에서 겨울을 나야 했다. 가파른 경사 길을 오르락내리락해야 했고 구공탄 난로 하나로 겨울을 보냈다. 산전 조리는 언감생심 꿈도 꾸지 못했다. 산통이 오는 날 택시를 불러 급히 산부인과에 입원시켰다. 그리고 그 와중에도 돈을 벌어야 했기에 곧바로 사무실로 향했다. 밖에 일은 남자가 하고 집안일 전체는 아내가 하는 것으로 여겼기에 남편 없이 아내 혼자 출산해도 무관하다고 여겼던 무식한 시절이었다.

몇 시간이 지난 후 장모님으로부터 딸 아이의 출산을 전해 들었다. 첫딸이 태어나다니, 그 기쁨을 어찌 말로 다 표현할 수 있을까? 신비로움과 벅차오르는 환희가 교차했다. 무엇보다 아내가 별 탈없이 순선했다는 소식에 얼마나 감사했는지 모른다. 하루 일을 마치고 늦은 저녁 퇴근길에서야 병원에 들러 핏기없는 아내의 하얀 얼굴을 대했다. 가슴은 전기 충격을 받은 것처럼 미안함과 안타까운 마음으로 주체할 수 없었다. 그래도 아내에게 수고했다는 따뜻한 말 한마디 해주지 못한 못난 남편이었다. 지금 생각하면 참으로 부끄럽고 어리석은 남편이다.

생각할 때마다 미안함과 후회가 파도처럼 밀려온다. 남자가, 남편이 뭐가 그리 대단한 존재인가. 가장의 역할이란 그저 돈을 벌어 일정한 생활비를 주면 그것으로 의무를 다하는 것으로 생각했으니 아내는 얼마나 서운했을까. 그렇게 우리의 첫 아이는 세상 밖으로 태어났다.

결혼한 독신(獨身)

아이가 둘이 되면서 밤늦게 귀가하는 일이 많아졌다. 저녁에는 손님 접대다, 친구 만난다 하면서 자정 넘어 귀가했다. 결혼 초에는 오직 배우자를 위해 살겠다고 약속했지만 그 약속을 까마득히 잊은 채 현대 생활이 이끄는 대로 살아갔다. 아내란 집에 당연히 갖춰진 도구처럼 생각했으며 나는 돈만 벌어다주면 의무를 다한 것으로 여겼다. 이런 생활이 오래 지속되자 아내는 아이들 위주로 생활 패턴이 바뀌었다. 큰 아이가 초등학교에 입학할 무렵, 시흥동의 35평 중형아파트로 이사했다. 성당이 바로 내려다보이는 언덕 위의 아름답고 중후한 아파트였다. 소위 맨션아파트였다. 하는 사업도 성장가도를 달리면서 서서히 목표했던 기반이 다져졌다.

아내와 약속했던 성당도 나가기 시작했다. 교회공동체에 들어가 종교인으로서 신앙생활을 시작하니 무엇보다 아내가 좋아했다. 이웃과의 관계도 친밀해지고 교회 신자들과의 관계도 원만하게 되어 소모임에도 적극적으로 참석했다. 성직자 수도자들과의 만남도 본격적으로 시작되었다. 사업도 열심히 하고 사회생활의 역할도 다양하게 하며 주변의 시선을 끌기 시작했다. 봉사에 참여하며 나눔의 참 의미와 교우 관계, 이웃과 사회와의 관계가 정립되었다. 아이들 또한 무럭무럭 자랐다. 큰 아이는 초등 고학년이 되어 전교 어린이 회장에 선출되었다는 소식을 듣고 가슴이 뿌듯했다. 딸이지만 남학생 경쟁자를 물리치고 당당히 전교 학생 대표가 되었다는 것이다.

아이들 육아와 교육은 전적으로 아내의 몫이라고 생각했기에 교육에 있어 아버지의 역할은 크게 신경 쓰지 않았었다. 아내가 딸을 이토록 훌륭하게 키웠구나 하는 생각이 들면서 감회가 새로웠다. 이제 사연도 많고 정이 듬뿍 들었던 시흥동 생활을 접고 송파 가락동으로 건너뛰었다. 가락동 삼환까뮤 45평 아파트를 구입하여 이사 온 것이다. 송파구 이사는 순전히 배우자의 안목과 선택의 결과였다. 나는 그저 아내가 이끄는 대로 따라왔을 뿐이다. 우리가 송파구로 이사할 때쯤 서울은 본격적으로 그 유명한 강남시대로 접어들 즈음이었다. 큰 아이는 중학교에 입학해 고난의 경쟁을 피할 수 없었다. 둘째 아이는 초등학교 4학년에 전학해 처음에는 낯선 아이들과 서먹서먹해 불편했으나 금세 적응했다.

열심히 공부하는 누나를 본받아 둘째도 학업에 전념했다. 그러나 이곳도 영원한 정착지는 아니었다. 3년을 지낸 뒤 57평 올림픽 선수촌 아파트로 옮긴 것이다. 단지 내에 창덕여고와 보성중학교가 있어 아이들 교육환경에 더없이 좋았다. 이곳으로 이사온 것 역시 아내의 안목이었다. 송파구에서 교육상 가장 좋은 지역이 선수촌 아파트였다고 판단한 것이다. 이 아파트는 분양을 받았기에 입주비가 낮았고 경쟁도 그리 치열하지 않아 쉽게 구입했다. 이제 막 건축이 시작된 오금동성당으로 입적해 성당활동도 활발하게 전개했다. 시흥동 성당에서 활동했던 구력(舊曆)이 오금동에서 꽃을 피운 셈이다.

아내는 성서 봉사자로서 신자들에게 성경에 대한 이해와 묵상을 나누며 생활 성서에 열심히 임했다. 나는 본당 내 사목활동에 매진했다. 전국을 순회하며 부부와 함께하는 ME봉사(메리지 엔카운트)도 왕성하게 펼쳤다. 40대 불혹의 나이는 개인적으로, 부부로서도 인생의 가장 성숙한 시기이기에 활동도 다양했다. 특히 ME봉사는 결혼생활을 좀 더 유익하고 멋지게 살기 위해 개선해보겠다는 결혼 10년차 이상의 부부를 대상으로 하는 교육프로그램이다. 이 사도직 프로그램에 봉사하면서 나 역시 그

동안 얼마나 잘못된 편견 속에서 살아왔는지 깨달았다.

참가한 부부들은 결혼생활의 개선과 발전을 위해서 각자 열심히 발표했다. 이를 통해 평범해 보이는 부부들도 그 내면에는 갈등 요소들이 많다는 사실을 깨달았다. 특히 우리나라 사람들은 유교적 사고가 뿌리 깊어 남자는 권위를 지켜야 된다는 관념 속에 살아간다. 남자는 돈만 벌면 되는 것이고, 부인은 집에서 아이들 교육을 비롯, 가정사 전부를 도맡아야 한다. 아내가 훨씬 더 힘든 결혼 생활을 하는 것은 당연하다. 여성은 가사에 충실하고 집안 살림을 꾸리는 사람으로서 한치의 오차없이 잘 해주기를 바란다. 어쩌다 일찍 퇴근했을 때, 아내가 집에 없으면 남편은 불편한 심기를 감추지 못한다. 늦게 들어온 아내에게 큰소리를 치는 일이 얼마나 많은가. 가정주부가 뭐가 그리 바빠 남편보다 늦게 귀가하느냐는 것이다. 본인은 사업을 핑계로 늘 늦게 귀가하면서 어쩌다 아내가 늦게 귀가하면 용납하지 못한다. 독선에 가까운 반응이다.

뿐만 아니라 아이들이 자그마한 실수라도 저지르면 '도대체 아이들 교육을 어떻게 했으냐'며 아내를 닦아세우기도 한다. 아이들의 엄마, 가정주부, 남편의 부인으로서 만능 엔터테이너의 역할을 요구한다. 온 가족이 오직 아내에게 의지한다. 한국의 아내들은 일반적으로 다 그렇게 산다고들 하지만 돌이켜보면 나 역시 아내에게 지나칠 만큼 요구사항이 많았다. 민씨 가문에 시집와서 보수적 집안 문화에 적응하기도 어려운데 까칠한 남편의 뜻에 맞춰 힘들게 가정을 꾸려나가느라 정말 고생이 많았다. 명절이 되거나 시부모님의 생신이면 막내며느리가 전라도 끝자락까지, 천릿길을 한달음에 달려가 어린 아이들을 들쳐 업은 채 생일상을 차려드리곤 했다.

큰 아이가 대학을 합격했을 때 우리 부부는 얼마나 기쁘던지 감사의 기도가 절로 나왔다. 무엇보다 아이교육을 위해 헌신한 아내에게 감사했다. 연약하고 어린애로만 보였던 딸이 당당히 성년이 되어 의젓한 대학생으로 성장한 모습이 대견하고 흐뭇했다.

딸은 대학을 졸업하고 곧바로 미국 유학길에 올랐다. 국제적 감각을 키우고 전공을 깊이있게 배우기 위해 뉴욕에 있는 디자인 대학원 과정을 이수한 후 현지 청년과 결혼식도 올렸다. 딸아이의 결혼식 날 우리 부부는 만감이 교차되어 한없이 울고 또 울었다. 멀리 이국땅에 신접을 차리게 되어 서운할 뿐 아니라 이별의 아픔은 가슴을 도려 듯 통절했다. 송파 시절 14년이 지나면서 우리는 또 다시 수지 분당으로 보금자리를 옮겼다. 30년의 결혼 생활 동안 이곳저곳 이동했던 젊은 시절과 중년 시절을 마감하고 한적한 이곳 광교산 부근으로 이사한 것이다. 산이 병풍처럼 둘러싸인 물 좋고 인심도 좋은 용인시와 성남 시내를 거쳐 한강으로 향하는 탄천을 옆에 낀 아파트, 파크뷰에 안착했다. 결혼 생활 30년이 지나 50대 중반으로 접어든 중년이었다.

둘째 아이가 대학 시험 일주일을 앞두고 갑자기 맹장염으로 수술을 받아야 할 때 우리 가족은 좌불안석이었다. 그해 시험을 포기해야 할지도 모르는 상황이었다. 그동안 본인이 목표로 삼았던 학교를 위해 그토록 지새웠던 수많은 밤이 헛수고나 되지 않을까 걱정이었다. 그때를 생각하면 지금도 심장이 오그라진다. 시험 보는 날 대학 의료실에서 간신히 치른 시험 결과는 다행히 합격의 영광으로 이어졌다. 그 기쁨을 또 어찌 표현하랴. 입시생 두 아이를 거치는 동안 밤새 거실에서 아내가 선잠으로 지새던 나날들이 주마등처럼 스쳐 지나갔다.

이후 아들 또한 미국 유학을 마치고 주변의 축복 속에 결혼식을 올렸다. 신랑 못지않게 착한 며느리다. 새 식구를 맞이했던 기쁨은 또 우리 부부에게 새로운 삶의 희망을 안겨주었다. 딸을 떠나보낸 지 얼마 안 돼 새 식구를 맞이하게 되어 무엇보다 기쁘고 다행스러웠다. 아마도 아내의 공허한 가슴이 조금은 채워지지 않았을까 싶다. 뒤돌아보면 아내 홀로 그 많은 가정사를 모두 도맡아 처리했다. 결혼은 했으나 독신처럼 살았던 지난(至難)한 나날들. 그 아내가 있었기에 회사를 건사할 수 있었으니, 회사 성장도 아내 덕분임을 고백한다.

되찾은 부부생활

중년까지의 결혼생활이 '결혼한 독신'이었다면 회사를 접을 때 즈음에야 제자리를 찾아 정상적 부부생활로 접어들었다. 신앙생활도 적극적이고 활동적으로 펼치며 내적 신심을 다졌다. 미사에는 꼭 참여하여 기도와 묵상의 시간도 가졌다. 작은 교회인 만큼 이웃과 사회생활을 신앙인답게 모범적으로 삶을 살아가리라 몇 번이고 다짐했다. 지금까지는 봉사를 중심으로 한 외적 신앙생활이라면 이제는 성숙하고 완숙한 종교인이 되기 위해 노력했다.

이제 둘째 아이의 결혼생활도 3년이 흘렀다. 드디어 손자라는 큰 선물을 안겨주던 날, 세상에서 가장 큰 기쁨을 꼽는다면 그

순간을 꼽을 것이다. 비록 혼란한 세상에 태어났지만 이 아이가 커서 성년이 되면 지금보다 훨씬 더 아름답고 정의와 순리가 근본이 되는 민주 사회가 될 수 있도록 남은 생을 받치겠다고 강보에 싸인 첫 손자에게 약속했다. 2년이 지나 또 예쁜 손녀도 태어났다. 첫 손주가 주었던 기쁨의 두 배였다. 아이들의 모습을 한참 들여다보며 우리 부부는 앞으로 더 살아가야 할 이유를 발견했다.

이 녀석들이 성장하는 동안 추억을 남겨주고 싶었다. 아이들에게 가장 가까운 추억은 엄마 아빠와의 추억이 되겠지만 할아버지 할머니 또한 아이들에게 큰 추억으로 남을 수 있지 않은가. 할아버지 할머니가 살아가는 모습을 보면서 손자 손녀들도 삶의 지혜를 얻을 수 있기 때문이다. 큰 아이는 벌써 중학생이 되었다. 지난 10여 년간 매주 토요일 저녁이면 손자 손녀와 함께 지내는 것이 우리부부의 큰 행복이다. 하루가 다르게 커가는 두 아이들 모습에서 기쁨을 찾는다. 그런 가운데 황혼이 점점 짙어지는 것을 느낀다.

4년 전, 고희를 맞아 70년 세월을 살아오면서 한발자국 두발자국 디뎌왔던 과거를 정리해 자서전을 출간했다. 특별나게 살아온 인생이 아니기에 내놓을 게 없지만, 평범한 사람으로 살아왔던 지난 날을 회상하고픈 소박한 소망에서 졸필이지만 글을 써보았다. A4 용지에 끄적거려 한 권으로 만들어진 책을 손자

손녀들에게 선물로 쥐어 주었다. 그 이상의 더 큰 보람은 없었다. 우리 부부는 이제 50년을 맞고 있다. 남들보다 원만한 부부라 칭찬을 들어왔지만 생각해보면 허점이 더 많았다고 고백한다. 완고한 집안에서 태어나 사대주의 사상을 그대로 물려받은 나였기에 배우자의 희생은 말로 표현할 수 없을 정도다.

지금까지 행복한 가정생활을 누리고 아이들을 만나 천복을 누리고 있는 것은 순전히 아내의 눈물겨운 희생과 인내, 각고의 노력 덕분이다. 아내가 없었다면 과연 이 온전한 가정생활이 가당키나 했겠는가? 50년의 행복한 결혼 생활을 위해 자신은 늘 뒤로 물러난 채 몸 받쳐 희생해온 나의 아내다. 이제는 자녀들보다 나의 아내를 위해 더 헌신하고 아내의 남은 삶을 행복하게 해주리라 다짐한다. 작은 소리에도 귀 기울이고 어떤 몸짓도 소홀히 않을 것이며 늘 격려하고 사랑의 언어를 들려주는 습관을 길러가야 하겠다. 그리고 그 길을 실천하면서 얼마 남지 않은 삶, 진정 나의 아내, 나의 연인, 나의 사랑을 위해 남은 열정을 모두 바치리라.

여보, 고맙소. 그리고 영원히 사랑하오.

소소한 일상의 기쁨

세월이 아무리 흘러도 매일같이 나의 건강을 챙기는 아내의 손길은 변함이 없다. 평소 11시쯤 잠자리에 들지만 아내는 아주 늦은 시간에서야 침실에 들어온다. 몇 시에 들어오는지 확실하지는 않지만 아마도 새벽 2시가 조금 넘어서 잠자리에 드는 것 같다. 곤히 잠든 남편이 혹시나 깨지 않을까 매우 조심스럽게 미끄러지듯 이불 속으로 들어온다. 반대로 나는 일찍 일어나는 습관 때문에 새벽 6시 30분이면 잠든 아내가 행여 잠에서 깰까 봐 조용히 침실문을 열고 나선다. 가장 먼저 나를 기다리는 것은 아내의 정성이 묻은 영양제들이다.

처음에는 그러려니 했는데 요즘은 감동으로 와 닿는다. 거실

탁자 위에는 물 한 컵과 양배추즙, 바이오틱스가 놓여있다. 새벽에 기침(起寢)하자마자 물을 마시면 건강에 좋다고 해 하루도 거르지 않고 챙겨놓는다. 양배추즙도 함께 마시도록 컵과 함께 가지런히 놓여 있다. 처음에는 새벽에 물 한 컵 마시는 것이 건강에 무슨 도움이 될까 싶었지만 잠자리에 들기전 늘 챙겨 놓은 아내의 지극 정성에 이제는 습관적으로 마신다. 매일 같이 저녁 식사 후 1시간 조깅하고 반신욕과 샤워를 한 다음 잠자리에 드는데 아직 건강한 이유는 아마도 아내가 매일 준비해준 새벽녘 물 한 컵에 담긴 아내의 정성 때문이 아닐까 싶다.

아내와 살아오면서 아내의 말이라면 흘려듣고 무시했던 지난날의 나의 고집, 쓸데없는 권위의식이 얼마나 어리석었는가. 대체적으로 사업하는 남자들은 외부 활동이 잦아 저녁 식사는 밖에서 해결한다. 그러나 나는 웬만해서는 저녁도 집에서 먹는다. 결국 아내는 최소 하루 두 끼를 집에서 꼬박꼬박 챙겨야 하기 때문에 하루 스케줄이 매우 빈집하고 바쁜 편이다. 아내는 지금까지도 저녁마다 온 정성을 다해 식사를 준비해 준다.

아침에 먹는 채소의 섭취량이 적다며 열두 가지 이상의 각종 나물을 넣은 비빔밥을 차려준다. 일부러 채소를 많이 섭취하기 위해 고안한 아침 메뉴다. 계란 한 개와 된장국이 곁들여진 아침을 든든하게 먹으면 하루 일과가 상쾌하게 시작된다. 식사 후 복용할 혈압약과 혈액 순환 촉진 영양 식품도 가지런히 놓여 있다. 70이 넘어가면서 먹는 약의 패턴도 바뀌었다. 예전에는 기껏해야 소화제와 진통제 정도였지만 나이가 들어가면서 혈액순환에 이상이 생겼고, 이로 인해 혈압이 높아지고 전립선에도 이상이 오기 시작했기 때문이다.

하루 일과를 마치고 퇴근하면 보통 여덟 시께 저녁을 한다. 집에 도착하기 15분 전쯤 전화를 하면 저녁 메뉴에 맞춰 서둘러 식사를 준비한다. 아침에는 주로 식물성 채소류로 식단을 차리고 저녁은, 단백질이 풍부한 육류에 맞춰 삼겹살이나 등심구이로 준비한다. 평생을 같이 살지만 배우자와의 체질이 서로 달라 저녁 식사도 두 번 꾸려야 하기 때문에 이 또한 두 배의 수고를 들인다. 나는 육류를 먹어도 되는 체질이지만 아내는 육류가 몸에 맞지 않아 주로 해조류나 해산물, 야채만을 먹는다.

저녁 식사가 끝나면 후식으로 준비된 과일을 함께 나누며 하루 일과의 사연들을 나눈다. 그 시간이 허물없이 대화를 나누는 유일한 시간이다. 이후 영양제와 전립선 치료약을 준비해 주면 감사한 마음을 담아 복용하고 하루를 정리하는 걷기 운동을 위해 탄천으로 향한다. 이렇게 늦은 하루가 끝나면 또 다른 내일을 준비한다.

인생이란 폭풍우나 비바람을 맞는 일보다 반복되는 일상의 단순한 삶이 많을 때 행복을 느끼는 일이다. 나의 아내가 있는 한 아무리 늙어도 행복하다.

2장

인생과 신앙

박 부장, 잘 있지?

24년 동안 다져 왔던 터전을 뒤로 하고 도시계획 정책에 의해 회사를 창곡리로 이전한지 3년이 흘렀다. 제2의 창업 정신으로 바쁜 나날을 보내던 즈음, 남녀 대학생 두 명이 방문했다. 10년 전 장례식장에서 만났을 당시 중학교 1학년 여학생이었고, 오빠는 중3이었다. 아버지를 일찍 먼 세상으로 보내고 슬픔에 잠긴 어머니 곁에서 길 잃은 새끼 고양이들처럼 움츠리며 총기 잃은 눈동자만 굴리고 있던 아이들이었다. 그러던 아이들이 숙녀와 청년으로 장성해 대학 졸업을 앞두고 찾아온 것이다. 감개무량했다. '진작 찾아와 인사를 드려야 도리인데 늦게 찾아뵙게 되어 죄송하다'는 말과 함께 그동안 살아왔던 이야기들을 나누었다. 이 청년들은 일찍 세상을 떠난 직원의 자녀들이다.

“박 부장 어디 있지? 급한 일이 있는데…”

13년 전, 어느 날 아침 나는 박 부장을 급히 찾았다. 잠시 후 비서의 전갈이 왔다. 박 부장이 몸이 불편해 회사 기숙사에 들어가 잠시 누워 있다는 것이다. 그렇지 않아도 요즘 안색이 좋지 않은 그의 얼굴이 떠올랐다. 무척 수척해 보였다. 오후에서야 그가 찾아왔다.

“갑자기 배가 아파 잠시 누워 쉬었더니 지금은 통증이 가라앉았습니다. 어떤 일로 찾으셨는지요.”

박 부장은 대학 출신 공채 여덟 명 중에서 유일하게 남아 생산과장을 거쳐 지금은 영업부장을 맞고 있는 성실한 간부였다. 엔지니어로 출발해 영업 전선에 뛰어들면서 역경을 견디며 성장해온 전통 주물인이었다. 그런 그가 가끔 아랫배 통증으로 인해 장염약을 먹으며 임시 처방하고 있었다. 몸의 여러 증상을 물은 끝에 꼭 시간 내어 대학병원을 찾아 정식 진단을 받아보라고 당부했다.

며칠이 지나 진단 결과가 나왔다. 직장암 3기에 생존 기간은 6개월~1년 정도밖에 안 된다는 청천벽력 같은 결과였다. 이제 겨우 40이 조금 넘은 나이에 이게 무슨 날벼락인가. 무슨 말로 어떻게 위로해야 할지 떠오르지 않았다. 외적으로 보아서는 몸무게만 좀 줄어들었지 정상으로 보였으며 가끔 어쩌다 배가 좀 아픈 게 전부였다.

암이라는 질병은 유전적인 요인도 있지만 스트레스가 가장 큰 원인이라 들었기에 얼마나 업무에 시달리고 스트레스를 받았을까. 물론 자신의 내성적 성격 탓도 있지만 과로와 스트레스가 암이라는 중병을 낳지 않았나 싶었다. 치료가 우선이었기에 치료할 수 있도록 모든 방법을 강구하고 치료비 일체는 회사에서 부담하기로 했다. 당시만 해도 암은 산업 재해 사항에 해당되지 않았기 때문에 산재 대상이 될 수 없었다. 그러나 직원이 암이라는 중병에 걸렸으니 모든 방법을 강구해서라도 완치시켜야겠다는 생각만이 절실했다.

"박 부장, 이제부터라도 용기를 갖고 암을 정복하는 것에 최선을 다해보자. 자네 병의 원인은 아마도 회사 때문일거야. 박 부장이 책임자라서 특별히 야단도 많이 쳤고, 질책을 많이 했기 때문에 스트레스를 받은 것이 원인이 될 수도 있네."

박 부장은 외형적으로는 병색이 뚜렷하게 나타나지 않았지만 이미 입원치료가 의미가 없을 정도로 악화되어 있었다. 장에서 위로 이미 전이됐고 수술도 어렵다는 판정이 났다. 항암 치료를 받으면서 출근할 수 있었기에 매일 출근해 정상적으로 업무를 봤다. 해외 영업도 계속해 수시로 일본 출장을 다녀오기도 했다. 선고를 받고 일 년이 지났지만 컨디션은 크게 나쁘지 않았다. 암투병 환자라고 볼 수 없을 정도로 건강을 유지해 나갔다.

본인의 의지도 대단해 희망을 저버리지 않기에 기대 또한 컸다. 다만 몸무게가 조금씩 줄어가고 있었다. 이번에는 아주대병원에서 일산 국립암센터로 옮겨 전문의 치료를 받기로 했다. 먼저 1개월마다 1회용 고단위 항암치료 주사를 6회를 맞았다.

하지만 6개월 항암 주사를 맞았으나 치료 효과는 나타나지 않았다. 2년이 지나면서 병색이 완연했고 몸은 극도로 쇠약해져갔다. 이제는 회사를 접고 오직 병원 치료에 전념할 것을 권했지만 본인의 의견은 달랐다. 한번 입원하면 영원히 병원에서 나올 수 없을 것 같다는 것이다. 몸은 예전 같지 않으나 업무는 볼 수 있기 때문에 회사에 계속 출근 할 수 있도록 허락해 달라고 부탁했다. 환자의 말을 존중해 주기로 하고 힘들면 언제든 누워 쉴 수 있는 침대를 준비해 주었다. 그렇게 2년 반 동안 투병 생활이 이어졌다. 몰골이 많이 상해보였지만 그 몸으로 일본 출장도 다녀왔다. 놀라운 의지였다. 본인 말대로 일하다가 회사에서 죽지, 병원에 입원은 절대로 하지 않겠다는 것이다. 아침 저녁으로 변해가는 그의 몸은 극도로 쇠약해져 갔다.

운명하기 한 달 전, 박 부장은 나를 찾았다.

"그동안 물심양면으로 도와주셔서 감사합니다. 이 은혜를 어떻게 갚아야 할지…"

그는 눈물을 훔쳤다. 마음이 쓰리고 안타까웠다. 엇그제만 해도 그는 자신의 운명을 인정하려 하지 않았다. 생명에 대한 애착이 누구보다 강했다.

"박 부장! 이제 마음의 준비는 되었나?"

"네, 사장님 이제 떠나야 할 것 같습니다. 다만 제 아내는 개가하면 되지만 아직 어린 두 아이들을 두고 떠나야 한다는 게 가슴이 아픕니다. 어린 아이들이 가장 눈에 밟힙니다."

마치 내가 겪는 아픔처럼 느껴져 가슴이 미어졌다. 시간이 멈춘 것 같았다. 긴 침묵이 흐르는 동안 멀리 떠나는 이 사람을 어떻게 하면 편히 보낼 수 있을까 생각했다.

"박 부장. 아이들은 내게 맡기게, 공부를 하겠다면 두 아이 모두 대학 마칠 때까지 학자금 전액을 내주겠네. 학업에 전념할 수 있도록 할 테니까 자식 걱정이랑 하지 마시게."

박 부장은 가누기도 힘든 몸으로 바닥에 꿇어앉아 하염없이 눈물을 쏟았다.

"감사합니다. 고맙습니다. 이제 아이들 걱정은 잊고 떠날 수 있을 것 같습니다."

주체할 수 없는 눈물로 바닥을 적시며 감사의 인사를 몇 번이고 반복했다. 그로부터 일주일이 지났다. 박 부장이 아침에 출근하려 집을 나서자마자 쓰러져 아주대병원에 실려 갔다.

운명 2일 전, 호스피스 병동에 누워있는 그는 사람을 알아볼 수 없을 만큼 정신이 혼미했다. 그럼에도 나를 보는 순간 자리에서 일어나려고 했다. 일주일 전, 나의 소개로 신부님이 종부

성사를 거행했고 '바오로'라는 세례명까지 받은 상태였다. 하느님께서 나의 기도도 들어주셨다는 믿음에 나 역시 마음이 다소 편해졌다. 나와의 마지막 재회를 나누고 이틀 후 영면에 들어갔다. 뒤늦게 가톨릭 신자로 세례명을 받았음에도 수많은 신자들이 박 부장의 가는 길을 함께 해주었다. 종부성사도 그랬지만 200여명의 신자들의 기도를 받으며 장례미사의 축원과 함께 박 부장은 우리 곁을 영원히 떠났다.

박 부장, 잘 지내지? 아이들은 모두 잘 자랐네. 그렇게 걱정했던 자네의 분신들 말이야. 이제 편히 쉬시게.

노년 현상

초록의 희망을 이고
숲으로 들어가면

뻐국새
새 모습은 아니 보이고
노래 먼저 들려오네.

아카시아꽃
모습은 아니 보이고
향기 먼저 날아오네.

나의 사랑도 그렇게

모습은 아니 보이고
늘
먼저 와서
나를 기다리네.

눈부신 초록의
노래처럼
향기처럼
나도 새로이 태어나네.

유월의 숲이 서면
더 멀리 나를 보내기 위해
더 가까이 나를 부르는 당신.

이해인 수녀의 시 '6월의 숲에는'이다. 내 인생에 일흔세 번째 맞는 6월이다. 6월 하늘은 청록색을 펼쳐 놓은 것처럼 짙고 푸르다. 신의 부르심에 응답이라도 하듯 새 날의 기쁨과 환희, 희망을 노래하는 신록의 계절이 되면 우리는 창조주의 사랑을 만끽하며 6월을 맞이한다. 그러나 지구촌은 코로나19로 인해 삶의 질이 바닥까지 떨어져 역병에 대한 공포가 하늘까지 덮여 있는 것 같다. 사람들의 마음은 한겨울 삭풍을 만난 듯 움츠리며 떤다. 그렇게 일년이 넘도록 흘려보낸 세월이 마냥 아쉽고 안타깝다.

바이러스 감염은 온통 우리 문화와 관습까지도 바꿔버리고 말았다. 바이러스와의 접촉을 피하기 위해 실시하는 '사회적 거리두기'는 그렇지 않아도 경제와 직결된 다양한 활동들을 위축시키는 상황에서 고립 또는 대면 회피의 이상한 사회로 치닫게 하고 있다. 오전에 한 친구에게서 전화가 왔다. "건강에는 별 이상 없지?" 첫마디가 그렇다. 그러면서 창살 없는 감옥도 이보다 못할 것이라며 이제 더 이상 안 되겠다는 불평이었다. 하루하루가 너무도 무의미하고 답답하여 영 살맛이 안 난다는 푸념이다.

우리는 지금까지 사람들과의 관계 속에서 존재의 의미를 찾아 소통하며 살아왔다. 존경하는 선배와의 만남이나 사랑하는 후배의 만남도 우리 생활의 안녕과 행복의 촉진제 역할이 되었다. 친구와 나, 이성의 만남 또한 우리가 왜 살아가야 하는지 그 이유를 깨닫게 해줄 뿐만 아니라 내일을 기대하게 한다. 정성이 담긴 아침 식사를 하며 아내와 잠깐 동안 대화를 나누었다. 아내는 30도가 가까운 여름 날씨로 접어 들어가기 때문에 여름바지와 반소매 남방으로 바꿔 입을 것을 권했다.

그러다 아내가 몇 달 전부터 고관절 통증에 시달려 왔다는 사실을 알게 되었다. 60대까지는 큰 이상이 없어 병원 신세를 지지 않았지만 요즘에는 몸 이곳저곳에서 이상 징후가 나타나고 있다. 나 역시 마찬가지이다. 그동안 장기간 동안 병원에 입원해본 적이 없고 특별히 치료할 병색도 없었다. 다만 어릴 때 수술의 영향으로 기관지의 기능이 일반인보다 약해 10년째 매년 검진을 받고 있을 뿐이다.

칠순이 넘으면서 노년 현상들이 하나둘씩 나타나기 시작했다. 인간의 몸을 자동차에 비교하면 연식이 다되어 부품을 하나씩 교체 또는 수리할 때가 되었다는 뜻이다. 가장 먼저 나타난 현상은 전립선 계통의 이상이다. 소변 시간이 길어지고 잔뇨 현상이 눈에 띄게 잦아졌다. 잔뇨는 방광기능이 급격히 떨어졌다는 증거다. 특히 전립선이 비대해지고 방광벽이 두꺼워지면 괄약근 조절 기능은 급격히 약해진다. 이로 인해 잔뇨(殘尿)현상은 삶의 질을 극도로 떨어뜨린다. 육체가 노쇠해지면서 동반하는 다양한 증상은 영혼을 피폐시키기도 한다. 한 방울의 잔뇨로 인해 사람이 스스로 제 기능을 다하지 못한 것 같아 부끄럽기까지 한다. 살아 있는 모든 생명체는 입출(入出)이 원만해야 생명을 정상적으로 유지할 수 있다. 특히 고등 동물인 인간은 더욱 중요하다. 스스로 입출 기능이 저하되면 의미 없는 생명의 연장일 뿐이다.

다음은 뇌기능의 약화다. 기억력 쇠퇴는 긴장으로 인해 혈압을 상승시킨다. 오래 전 겪었던 일이나 지식은 기억에 남아 있는 일도 있지만 대부분 잊혀간다. 그러다 며칠 전, 아니 몇시간 전에 일어난 일도 금세 깜박 깜박 잊는 일이 종종 발생한다. 내가 지금 무슨 일을 하려고 하는지에 대해서도 순간적으로 망각하며, 멍한 상태로 주저주저하는 일이 있다. 혹여 치매 초기는 아닌지 불안해진다. 70세부터 복용하기 시작한 고혈압약은 혈액 순환을 약하게 해 이따금 부정맥 현상을 동반, 가슴이 답답하고 긴장하게 만든다. 사람들과의 만남도 두려워진다. 업무상이든 비즈니스가 아닌 일상적인 만남이든 사람들과 만나는 횟수가 많아질수록, 심한 피로가 몰려오며 두뇌를 압박하기도 한다. 별일도 아닌 작은 일에도 불안증세가 나타난다. 자연히 사람들과의 접촉이 조심스러워지고 두려운 생각이 들어 만남을 피하거나 피치 못할 때는 미리 취소하기도 한다. 나이 들수록 친구가 필요하고 취미 생활도 다양하게 즐겨야 건강에도 좋건만 사람 만날 용기와 기동성이 점점 떨어지고 있는 것이다. 최근에는 만남을 피할 바에야 홀로 지내는 법에 익숙해야겠다는 생각으로 혼자 있기 위해 노력하고 있다. 누군가를 자꾸 만나야 하는 일이 스트레스가 되기 때문이다.

인생의 8층탑을 쌓아가다 보면 층수가 높을수록 탑쌓기가 위험하고 힘들어진다. 나는 이제 7층탑의 30%를 쌓아가고 있다. 지난 생애가 8층탑을 완성하기 위한 대장정의 여로(旅路)였다면 이제는 마지막 전 단계의 탑쌓기를 하고 있는 셈이다. 지난날의 명예와 권력과 물욕 등 모든 것을 다 내려놓고, 이제 자연의 순응자가 되어 아름다운 7층탑을 쌓아가고 있다. 사람들은 가끔

공든 탑이 무너진다고들 한다. 그만큼 인생의 탑을 끝까지 성공적으로 완수하기란 쉽지 않다. 지금까지 쌓아온 6층까지의 탑이 장엄하고 화려했다면, 지금 쌓고 있는 7층탑은 검소하고 겸손이 깃든 탑이어야 한다. 어젯밤에는 샤워를 마치고 일부러 거울 앞에서 내 육신을 빤히 바라보았다. 그동안 꾸준히 운동을 계속함으로써 뱃살이나 군살은 보이지 않지만 훌쩍 변해버린 백발의 모습이 긴 세월의 흔적만큼 서글펐다. 가버린 세월의 아쉬움에 나도 몰래 눈물이 핑 돌았다.

한참 동안 멍하니 서서 변해버린 나의 육신을 바라보면서 앞으로 얼마 남지 않은 나의 세월을 어떻게 삶에 순응하면서 살아야 할지 설계해 보았다. 더 참고 많이 인내하고 겸손하며 이웃을 위한 나눔을 실천하면서 나의 남은 시간을 허비하지 않아야겠다. 오직 정도(正導)의 삶을 살아가야겠다고 다짐해 본다.

바람처럼 강물처럼

고희가 엊그제 같은데 벌써 3년이 지났다. 세월이 바람처럼 흐른다. '할아버지~' 하고 매달리던 손자, 손녀는 벌써 할아버지와 거리를 두기 시작한다. 사랑의 스킨십도 쉽지 않다. 아이들이 커가는 모습을 보면 세월이 얼마나 덧없이 흘러가는지 절절하게 느껴진다. 사회의 경제 현장에서 떠난 뒤 손자들의 성장을 보면서 내가 더 살아가야 할 이유를 찾게 되는 것 같다. 아이들이 쑥쑥 성장하는 모습을 보면 내가 낳은 자식 이상의 애정이 솟는다. 귀여운 새끼들이 내 품 안에 들어오면 행복하기만 하다. 그럴 때 손자들은 나의 전부가 된다. 특히 큰 손자는 나를 닮아 어린 시절 내 모습이 보이곤 한다. 외모뿐만 아니라 내성적인 성격까지도 비슷해 나의 분신처럼 보인다.

'할아버지, 할아버지' 하고 부를 때 그 부르는 소리는 할아버지가 아니라 환청처럼 '아버지'로 들리기도 한다. 이토록 손자들에게 깊은 사랑이 샘솟는 이유는 무엇일까. 아마도 자식들이 성장할 때 아버지 역할을 제대로 하지 못했기 때문일 것이다. 부끄럽지만 아버지로서 자식들에게 사랑을 충분히 베풀지 못했다. 사업가들이 대부분 그렇듯이 젊은 시절, 아침 일찍 출근하여 밤늦게 들어와야 하는 고달픈 생활의 연속이었다. 먹고사는 문제만 해결하면 가장의 역할을 다하는 것인 양 일에 매달려 살아왔다. 그런 삶의 방식으로 일관했기 때문에 자식 양육은 아내의 몫으로 단정했던 것이다. 남편은 하루 25시를 일하더라도 가정을 빈곤에서 벗어날 수 있도록 하면 되는 인생살이로 정의했다.

2020년 12월에 결혼 50주년을 맞았다. 그동안 아들 딸은 장성해 결혼하고 또 그 후손까지 낳았다. 손자들에게서 젊은 시절 우리 부부의 흔적을 발견할 때 그 감동은 이루 말할 수 없을 정도로 크다. 자식들에게 충분히 주지 못한 사랑을 손자 손녀들에게 무한히 쏟고 싶을 뿐이다. 자식에게 못다 한 사랑을 이제라도 주려는 보상 심리가 깔려있을지 모른다. 이렇게 성장하는 손자들을 보면서 마무리 인생을 어떻게 보내야 내 가족들에게 좋은 영향을 끼칠까 고민한다.

70세가 넘으면 세상일과 사람들과의 수많은 교류 속에서 살아왔던 지난날과는 달리, 대부분 홀로 지내는 날들이 많아진다. 삶은 점점 외로워지고 홀로 살아갈 수밖에 없는 처지에 이른다. 나의 젊은 시절은 야구 경기를 하기 위해 일정한 포지션을 갖고 조직의 성공과 승리를 위해 최선을 다해야 하는 시절이었다. 개인적인 낙오자를 넘어 조직을 와해시킬 수 있기에 한시도 긴장의 끈을 놓을 수 없었다. 끊임없이 연습하고 머리를 쓰지 않으면 안 되는 생활이었다. 하지만 노년은 조직에서 벗어나 나만의 단독 생활을 시작하는 시기임을 깨달아야 한다. 조직이 아니라 새로 태어난 독립적인 자세로 새로운 세상을 살아가야 한다. 이제 명예나 권력도 욕심도 필요치 않다. 노년이란 지난날 나름대로 화려했던 계급장도, 명예스러운 봉사의 삶도 모두 지워버리고 순수 자연인으로 돌아가는 시기다. 독립적인 삶의 환경에 순응하고 잘 따르며 지혜롭게 살기 위해서는 목표를 새롭게 정하지 않으면 안 된다.

우선은 자신이 누구인가를 정확히 인지하는 것이 중요하다. 나는 과거 어떻게 살아온 사람인가. 나의 가치관은 무엇이며 나를 생존하게 한 원동력은 무엇인가. 나는 어떻게 변화된 삶을 살 것인가. 무엇이 잘 사는 삶이고 나의 가치에 맞는 삶인가를 고민해야 한다. 특히 죽기 전에 해야 할 일은 무엇이며 어떻게 완성시켜 나갈 것인가. 오늘 하루를 무의미하게 흘려보내지 않고,

그 시간을 나의 시간으로 어떻게 잘 이용할 것인가 등을 생각해야 한다. 그리고 계획대로 하루 일과를 마치고 잠자리에 든다면 그것이 가장 큰 행복이 아니겠는가. 홀로 지낸다 해도 지루하지 않고, 스스로 외로움을 느끼지 않는다면 그게 가장 행복한 삶이다. 지금은 더 이상 사회나 국가를 위해 발로 뛰는 존재가 아니다. 오히려 나만의 계획 아래 침묵 속에서 생활하고 존재해야 한다. 그런 자신을 위해 에너지를 투자하면서 여생을 누리는 것, 그런 노년 인생이 되어야 한다.

최근 다른 사무실로 이사했다. 나만의 공간을 갖고 싶었던 꿈을 실현한 셈이다. 하루 일과 중 가장 많은 시간을 조출한 나의 집무실에서 보낸다. 옛날에는 직원들과 어울리고 수시로 찾아온 외부인들을 만나고 대화하면서 하루를 보낼 때가 많았다. 그러나 이제 공인으로 살았던 지난 생활에서 벗어나, 나만의 공간을 갖게 됐다. 공간 전체를 하얀색으로 칠했다. 백색 붙박이장을 한쪽에 가지런히 설치해 단독 생활에 불편이 없도록 했다. 11평의 작은 공간이지만 둘로 나누었다. 어쩌다 찾아온 지인들과 대화할 수 있는 미팅룸과 컴퓨터를 갖춘 나만의 집무공간으로 나누었다. 집무공간은 아담하고 안온한 느낌의 공간이지만 그 역시 다시 두 개로 분리했다. 하루 종일 글을 쓰거나 오랫동안 책을 읽으면 어깨나 허리에 무리가 오고 피로도 몰려온다. 그럴 때를 대비해 한쪽 벽 구석 공간에 매트리스가 깔린 오피스

침대방을 마련했다. 전천후 묵상과 휴식공간으로 손색이 없다.

사람마다 노년을 보내는 스타일은 다르다. 친구를 만나기 좋아하는 사람들은 기원을 찾거나 여러 사람이 함께 하는 장소를 찾지만 내 성격은 그러질 못한다. 강물처럼 바람처럼 구름처럼 유유히 흘러가는 세월을 음미하면서 하루하루 지내고 싶다. 점점 늙어가는 내 인생은 저 구름처럼 뭉개지기도 하고 새털처럼 휘날리기도 한다. 지난 세월이 그립기도 하지만 희미해가는 아련한 추억과 함께 저물어가는 것을 애써 붙잡으려 하지 않는다. 그렇게 흘러가는 것이 바람과 냇물이 아니던가.

삶에 대한 감사

그토록 오랜 세월 동안 한이불에서 잤지만 이상하게도 잠자는 시간은 서로 다르다. 아내는 언제부터인지 새벽이 되어서야 잠을 청한다. 새벽에 잠이 깨면 잠들기가 쉽지 않다. 결국 전날 잠들기 전에 읽었던 월간지 여성시대를 보기 위해 스탠드를 켰다. 여성시대는 MBC가 수십 년 동안 매일 아침 9시부터 11시까지 진행하는 방송 프로그램이다. 워낙 오래된 방송이기에 웬만한 사람들은 다 알고 있는데 이 프로그램에서 제작하는 월간지다. 이 월간지는 두 남녀 아나운서가 읽은 시청자들의 수많은 사연 중 20여 편만을 골라 엮은 책자다. 일이 바빠 라디오로 직접 들을 수 없기 때문에 이 월간지를 애독하고 있다. 읽을 때마다 편지에 담긴 애절한 사연들과 서민들의 애환을 접하면서 감동에 젖곤 한다. 또 다른 사람들과 소통하면서 슬기롭게 살아가는 방법도 배운다. 스탠드 조명과 책 넘기는 소리에 아내가 뒤척거리면 이번에는 내가 조용히 불을 끄고 거실로 옮겨야 할 차례다. 아내는 늘 이렇게 새벽에서야 잠을 청한다. 대학 입학시험을 준비하느라 자정이 훨씬 넘은 시간에 들어오는 두 아이들을 맞이하기 위해 거실에서 자곤 했는데 그게 습관으로 굳어졌다.

일어나면 조간신문부터 읽는다. 뉴스와 칼럼과 논평까지 두루 읽는다. 조간신문은 무려 50년 동안 구독하고 있는 '종이신문'이다. 젊은이들이나 진보 세력은 종이 신문을 보수 신문이라며 부정적인 이미지를 갖고 있지만, 나는 긴 세월 동안 종이 신문을 통해서 수많은 정보와 삶의 지식을 얻어왔다. 어찌 고맙지 않을 수가 있을까? 아내가 일어날 때까지 다시 짧은 독서를 한 후 세면대로 향한다. 수염을 깎으며 면도기를 오랜만에 자세히 바라보았다. 나이 먹으면 영양분이 모두 머리카락과 수염으로만 가는지, 하루가 다르게 쑥쑥 자라는데 수염을 정갈하게 밀어주는 면도기 역시 고맙다는 생각이 든다.

아내는 아침 식사를 준비한 후 계란 껍질을 벗기며 한마디 한다. '급히 먹으면 체하기 때문에 천천히 먹으라'는 조언을 잊지 않는다. 꼭꼭 잘게 씹어서 먹어야 한다는 걸 잘 알고 있지만 사무실에 가서 이것저것 챙겨야 할 일들이 머리에서 떠나지 않아 서두르게 된다. 마음은 늘 콩밭에 가 있다. 적당히 삼키기 위해 가위로 잘근잘근 썰어 한입을 털어 넣으면 또 한마디가 날아온다.

"천천히 씹으시면 안 돼요?"

들은척만척 될 수 있는 대로 빨리 삼켜버린다. 평생 지켜왔던 출근 시간에 대한 강박이 그대로 남아 있기 때문이다. 30년이 지난 헌 가방을 들고 현관문을 나서면 아내는 금방 좇아와 엘리베이터 버튼을 누르며 배웅 인사를 해준다.

"마스크는 챙겼나요, 열쇠와 전철표는, 핸드폰은 당연히 챙겼겠지요? 오늘도 무사히 잘 다녀오세요."

엘리베이터를 타고 내려오다 갑자기 울컥해진다. 늙으면 오히려 감성이 살아나는 것일까? 나의 이 낡은 가방도, 월간지 여성시대도, 드라이기도, 나를 둘러싼 모든 것들이 아내처럼 내 삶의 일부가 돼버렸다. 오늘도 출근길을 나서며 세상 모든 것들에 대한 감사를 잊지 않는다. 세상에 사는 동안 그 마음 변치 않을 것 같다.

묘원(墓園)의 역설

40대 젊은 시절이다. 천주교 대전교구에서 안성시 성환에 있는 가톨릭공동묘지 조성사업을 하는데 우리 성당에 100기 분묘지를 할당했다. 아직 젊은 나이이기에 사후(死後)에 대한 특별한 관심이 없었다. 하지만 집에 돌아와 아내에게 묘지 분양 소식을 전하자 아내는 의외의 반응을 보였다. 아버지 산소가 멀리 고향에 있어 자주 찾아뵐 수 없는데 성환으로 이장하면 성묘를 자주 갈 것 아니냐는 의견이었다.

며칠 고민한 끝에 부모님은 물론 두 형님 내외와 우리 자리까지 고려해 8기를 수용할 수 있는 가족묘지를 준비하기로 결정했다. 자녀들이 성장하면 흩어져 살기 마련이다. 부모와 같이 사는 자식들도 많지 않다. 그래서 부모님이나 가족들이 이 세상을 떠나서나마 그 후손들이 함께 할 수 있다면 좋을 것이라는 생각에 가족 묘지터를 준비했다.

대전교구 가톨릭 성환공원묘지 한 기의 크기는 1.5평, 하는 일이 어렵거나 마음이 울적할 때 그곳을 가끔 찾곤 한다. 부모님을 모시기 전에도 내가 영원히 차지할 그곳에 다녀오면 마음이 편해진다. 기껏해야 1.5평이면 그만인 자리인데 왜 사람들은 탐욕에 젖어 헤어나지 못하고 사는 걸까. 촘촘히 세워진 수많은 묘비마다 각각의 사연들을 안고 영원한 안식을 취하고 있다. 이곳은 다세대주택도, 맨션도, 연립도 없으며 아파트도 없다. 남녀노소 할 것 없이 모두가 똑 같은 평수를 차지하고 있다. 빈부격차가 존재하지 않는 공평하고 평화로운 세계가 바로 이곳이다. 언젠가 나 또한 수많은 사연을 뒤로 하고 이곳에서 영원히 머무리라. 봄이면 묘지마다 철쭉으로 새 단장하고 유족들을 기다리리라.

지금은 부모님 묘소를 고향(이양)에서 이곳으로 이장해 모셨다. 그러나 가까이 모셨음에도 불구하고 생각만큼 자주 들르지는 못했다. 그래도 전에 혼자서 서둘러 묘지 자리만 보고 돌아갔을 때보다 한결 마음이 포근하다. 찾을 때마다 어머니와의 대화가 큰 위안이 되었다. 고향땅의 잡풀 우거진 비탈에 홀로 계셨던 것을 생각하면 얼마나 다행스러운 일인가. 3년 전 큰형님도 이곳으로 모셨다. 노환으로 명을 다한 형님은 부모님 곁에서 평안한 안식을 취하고 있다. 살아생전 함께 살지 못했던 아쉬움이 컸을 텐데 아마 저 세상에서는 부모님과 같이 있을 것이다. 맏아들로서 어머니에 대한 사랑이 깊었던 형은 부모님에 대한 애틋한 사랑으로 효도할 것이다.

2년 전에는 또 작은 형도 이곳으로 모셨다. 큰형이라면 끔찍이도 위했던 작은 형은 큰형을 먼저 떠나보내신 것이 얼마나 아쉬웠던지, 1년도 채 넘기지 못하고 따라 가셨다. 작은 형에게 있어 삶의 전부는 아마도 형의 존재가 아니었을까? 큰형이 있는 곳에는 늘 작은 형이 있었다. 기본이 착하시고 선하시어 순명(順命)이 절대적이었다. 소박하고 근면하게 살다간 작은형. 이승에서 이루지 못한 꿈을 저승에서나마 이루어 큰 천사 되기를 기도한다. 그리고 부모님을 잘 지켜주시길 빌어본다. 매년 4월 마지막 주일에는 3형제 직계 가족과 누이들까지 이곳에 모여 성묘한다. 평소에 잘 만나지 못한 소카들도 보게 되니 얼마나 마음이 흐뭇한지...

부모님이 물려주신 '가족애'(家族愛)의 유산을 이어갈 수 있어 참으로 다행이다. 현대사회는 가족들조차 만나면 데면데면한 관계로 만들어버렸다. 하느님의 계획은 가족애를 느끼며 평화와 웃음이 넘친 가족으로서 화합하며 화기애애하게 서로 돕고 살기를 원한다. 하지만 그저 세속이 원하는 대로 쫓기면서 살고 있을 뿐이다. 간단한 제사를 지낸 다음, 추모 묵념을 한 후 음복과 과일을 나누며 담소를 즐기는 시간은 마치 슬로우비디오처럼 느리게 흐른다. 부모님의 삶과 두 형님들의 인생을 아이들에게 전해주면서 가족들의 눈망울을 바라본다.

할머니 할아버지는 어떤 분이시고 어떤 삶을 사셨는지를 어린 증손자들에게 얘기해주며 가족애를 다진다. 그러면 곧 점심식사 시간을 맞는다. 내년을 기약하며 건강한 모습으로 다시 보기를 축원하는 시간이 된 것이다.

30여 명이 넘는 가족들의 성묘 나들이는 이렇게 화기애애한 분위기로 끝났다. 조상님들을 보면서도 즐거운 하루를 보내는 일이 역설! 얼마나 다행스럽고 행복한가.

내 생명의 기적

누구나 죽을 고비가 있다. 지금까지의 삶을 회고해 보면 나 역시 몇 번의 죽을 고비를 넘겼다. 그중 하나는 초등학교 시절에 일어났다. 1957년 이양국민학교 3학년 초여름, 오전 수업이 끝나자마자 일제히 도시락 뚜껑을 여느라 정신이 없었다. 아이들에게는 너무도 짧은 점심 시간이다. 하나같이 한 입에 먹어 치우고 운동장으로 달려 나갔다. 나 역시 먼저 나간 아이를 쫓아 뛰어나갔다.

볼펜 뚜껑을 입에 문 채 운동장 반 바퀴를 달려가던 중, 숨이 차오르며 입에 물었던 알루미늄 볼펜 뚜껑이 순식간에 목구멍 어딘가로 넘어가 버렸다. 처음에는 아무 일도 없었다. 사라진 볼펜 뚜껑은 영원히 풀지 못할 수수께끼로 남을 뻔 했다. 어른들은 볼펜 뚜껑이 식도로 넘어갔을 것이라며 대수롭지 않게 흘려 넘겼다. 그런데 며칠이 지나자 몸이 점점 쇠약해지고 오후만 되면 고열에 시달리곤 했다. 급체한 것 같아 의사를 찾아가거나 체증 치료 전문가를 찾아 민간요법을 받기도 했다.

전문가는 식도에 도구를 넣어 음식물을 밀어 내리면 된다며 그 도구를 식도로 쑤셔 넣었다. 얼마나 아팠는지 목구멍에 긴 물체를 꾸역꾸역 밀어 넣을 때 그만 실신하고 말았다. 날이 갈수록 호흡이 어려워지고 고열은 더욱 심해졌다. 부모님은 도회지로 나가 한의원과 병원을 번갈아 가며 약제를 구했다. 좀처럼 차도가 보이지 않고 오히려 점점 더 악화되었다.

6개월 동안이나 치료를 시도했으나 누구도 정확한 진단을 내리지 못했다. 몸속으로 사라진 볼펜 뚜껑에 문제가 있다는 사실을 아무도 알아내지 못한 것이다. 도대체 어디로 사라졌을까? 그들 나름대로 결론지은 '돌팔이식' 오진으로 인해 한약과 주사약만 투여할 뿐 고통은 더 심해갔다. 치료비는 치료비대로 눈덩이처럼 쌓이게 되어 더이상 치료를 할 수 없을 지경에 이르렀다. 결국 치료를 포기하고 다시 시골집으로 돌아왔다. 사경을 헤매며 안타깝게도 죽는 날만 기다리는 신세가 되었다.

그런데 마침 파란 눈의 여선교사가 우리 마을에 방문하게 되었다. 교회에서 봉사하던 중 마을에 죽어가고 있는 아이가 있다는 이야기를 들은 선교사는 우리집을 방문하고 얼마나 심각한지 눈으로 확인했다. 그는 즉시 지프차에 나를 태워 광주기독병원으로 이송했다.

그 병원에서야 기관지에 볼펜 뚜껑이 걸려있다는 사실을 발견하고 즉시 수술할 수 있었다. 볼펜 뚜껑이 식도로 넘어간 게 아니라 기관지에 걸려있어 호흡이 곤란하고 염증이 발생, 고열에 시달렸다는 사실을 마침내 알아낸 것이다. 얼마나 다행스런 일인지 모른다. 지금 생각해도 기적이다. 파란 눈의 낯선 여선교사는 나의 수호천사였으며 평생 잊을 수 없는 생명의 은인이다. 한번 망가진 기관지는 쉽게 치료되지 않는 법이다. 그 후 서울에서 중학교에 입학하고 보건소 건강검진을 받은 결과, 폐결핵이라는 진단을 받았다. 볼펜 뚜껑 사건 당시 상처를 입었던 기관지의 왼쪽 폐에 결핵균이 침투했기 때문이다.

당시 결핵은 지금의 암만큼 중병에 해당되는 전염병이었다. 다행히 일찍 발견해 입원하지 않고 보건소 처방약만으로 치료하기 시작했다. 양호선생님은 절대 안정이 필요하다며 체육 시간에는 운동장에 나가지 말고 간호실에서 쉬게 해주셨다. 그 후 6개월 동안 보건소에서 매주 처방해준 치료약 덕분에 다행히 완치했다. 결핵이라는 무서운 전염병을 큰 병원에 가지 않고 무료 치료로 간단히 이겨낸 일은 지금 생각해도 꿈만 같은 일이다.

병마는 그렇게 내 곁을 떠났다. 두 번의 기적이 내 유년시절에 찾아왔다. 돌이켜 보면 하느님의 보호하심이 아니겠는가 싶다.

또다른 하나는 1995년 12월 27일의 일이다. 출근길에 아내에게 결혼 25주년 기념일이니 저녁은 양식집에서 식사하자고 제안했다. 아내는 잠시 머뭇거리다 선약이 있다며 다음날을 기약했다. 이웃집 자녀의 국악대학원 졸업발표회에 참석하기로 했다는 것이다. 저녁 6시 반 아파트에 도착해 운전기사를 퇴근시키고 직접 운전대를 잡았다. 성당 반장님과 구역장 등을 태우고 아내와 함께 광화문 예음홀로 출발했다. 평소 다른 사람들과 동승을 싫어하지만 아내의 입장을 고려해 교우들을 태운 것이다. 게다가 결혼기념일인데 아내를 섭섭하게 하면 안 될 것 같았다.

지도교수인 황병기 선생님이 출연해 고혹적인 가야금 연주를 즐길 수 있었다. 이웃집 학생 역시 아마추어답지 않게 훌륭한 연주를 펼쳐 환호와 박수로 가득했다. 9시반경 공연이 끝나고 간단한 축하연까지 끝난 밤 10시 경, 교인들과 함께 연회장을 빠져나왔다. 크리스마스가 이틀 지난 광화문 거리는 여전히 캐롤송이 울리고 반짝거리는 크리스마스트리의 오색 불빛이 요란했다. 오늘같이 뜻 깊은 날, 아내의 부탁을 들어주고 이웃들과 함께 교류까지 한 탓인지 마음은 흐뭇했다. 그러나 행복도 잠시, 10시가 넘어 출발한지 몇 분 되지 않아 중앙선을 넘어 쏜살

같이 달려온 봉고차에 정면으로 충돌하고 말았다. 잠깐 정신을 잃고 깨어난 순간, 중앙선 가까이 멈춰 서 있는 우리 차가 위험하다는 것을 깨달았다. 정신을 차려 시동을 켜고 우측 도보 경계선 쪽으로 옮겨놓고서야 다시 정신을 잃었다.

충격이 얼마나 강했는지 팔꿈치 뼈가 조각나버렸다. 이튿날 봉합 수술을 마치고 일반입원실에서 치료를 계속했다. 아내도 나와 함께 입원해 안면 수술을 마쳤다. 졸지에 부부가 동시에 병원 신세를 진 것이다. 그나마 아내는 경상이었기에 천만 다행으로 나의 간병인이 돼 주었다. 입원 후 3일 동안은 사람을 알아볼 수 없을 정도로 고통스러웠다. 뼈를 깎는 고통이 어떤 것인지 실감했다. 일주일이 지나면서 일차 치료를 마치고 'ㄴ'자형 기브스를 한 채 병원생활을 계속했다.

사고가 났을 때 2시간 동안 정신을 잃었다. 그때 깨어나지 않았다면 불귀의 객이 되었을 것이다. 밤낮 가리지 않고 뛰었던 나에게 하느님께서는 잠시 쉬어가라 하신 게 분명했다. 또 죽음 직전에서 다시 깨어나게 해주신 것은 분명 메시지가 있지 않았을까? 지금까지 일중독으로 살아왔기에 결혼한 독신자나 다름없던 우리 부부가 안타까워 하느님은 결혼 25주년을 맞아 24시간 아내와 함께 새로운 신혼생활을 즐기라는 뜻이었는지 모른다. 3주간의 긴 병원생활을 하면서 배우자의 극진한 간호와 사랑을 받았다. 통증이 점차 가라앉자 오랜만에 새로운 미래를 설계해 보기도 했다.

그 분은 왜 나를 살리셨을까? 앞으로 나에게 어떤 삶을 살라는 것인지 자주 성찰하고 명상하자 어렴풋이 그 분의 음성이 들려왔다. 사람답게, 겸손하게 이웃과 국가를 위해서 살아가야 한다는 말씀이…

살아오면서 삶의 지표와 목표, 삶을 바라보는 태도가 바뀌는 결정적인 순간이 있다. 나에게 주신 두 번의 목숨 중 삶의 지향점이 완전히 바뀐 것은 바로 교통사고였다. 지금도 이기와 이타를 두고 저울질할 때 당시의 교통사고를 자주 떠올린다. 그리고는 나보다 남을 위해 선택하곤 한다.

신앙인의 자세

신앙인이란 해당 종교를 진실하게 믿고 섬기는 자를 말한다. 미지근한 믿음을 가진 자는 신앙인이라 할 수 없다. 우리나라에는 국교였던 불교를 비롯하여 천주교, 개신교, 원불교 등 많은 종교가 있다. 사람이 사는 곳이라면 세계 어느 곳이고 종교가 존재한다. 다만 나라마다 역사와 문화적 차이에 따라, 또 전통과 관습에 따라 다를 뿐이다. 결국 모든 종교의 궁극적인 목적은 하나의 신을 믿고 따르는 것이다. 북한 같은 공산주의나 사회주의 독재 국가는 국민의 선택적 종교를 인정하지 않고 오직 지배자에 대한 믿음만을 강요 또는 허용한다.

어머니는 일찍이 토속 신앙인으로 성주님에게 모든 것을 의

지하고 소원을 빌며 따랐다. 성주님이란 매우 포괄적인 의미를 가진 신이다. 어머니께서 뒷마당 한가운데에 물 한상 떠놓고 지극정성으로 빌 때면 하느님에게 비는 것이며, 집안에서 빌 때는 조상신에게 비는 것이다. 어린 시절 뒷마당 고목나무 아래서 두 손을 비비며 아픈 나의 열을 내리게 해주시라 빌 때는 목신을 믿었다.

세월이 흐르고 세상이 현대적으로 변하면서 어머니는 불교에 공을 들이셨다. 어린 나의 건강을 위해 나를 절에 입적까지 시켰다. 어쩌다 여승이 시주하러 찾아왔을 때 어머니께서 '너의 양어머니시다. 인사해라' 할 때마다 그렇게 싫을 수가 없었다. 마치 나를 절에 팔아 넘기시지 않을까 싶어 불안했다. 여승이 집에 찾아오면 인사하기 싫어 멀리 도망가곤 했다. 결혼 후에는 아내의 권유로 천주교에서 영세를 받아 하느님을 믿는 천주교 신자가 되었다. 어머니는 천주교 신자로서 지금은 아버지와 함께 천주교 공원묘지에 편안하게 모셔져 있다.

나는 결혼 전까지 종교를 갖지 않았다. 그러나 마음속에서는 늘 신은 존재한다고 믿었다. 인간의 영역을 벗어난 영의 세계는 분명 존재하는데 막연하지만 그분은 바로 하느님이라는 믿음이 있었다. 내면에 그런 생각을 늘 품고 있었던지라 결혼 후 아내의 권유를 거부하지 않고 영세를 받기 위해 교리 공부를 시작했다. 천주교 교리를 가르치는 수녀님의 열정과 아내의 지극정성 덕분에 무사히 교리 공부를 마치고 김수환 추기경에게 영세를 받았다. 바쁜 나의 일과 속에서 저녁 시간을 내어 6개월 동안 교리 공부를 한다는 것은 직장인으로서 그리 쉽지 않은 일이다. 특히 사업가든 직장인이든 경제적 해결책이 늘 우선이었다. 가장의 책임감이 늘 잠재해 있었기 때문이었다. 아내가 천주교 신자일 때 남편도 신자가 되지 않으면 조당에 해당된다. 따라서 이를 풀어줘야 아내가 편히 신앙생활을 할 수 있다. 아내를 위해서는 정식 신자가 되어야 하는데 이를 위해 교리공부는 소홀히 할 수 없었다. 단 한번도 결석하지 않고 무사히 교리공부를 마쳤다.

아내는 매주 교리 공부하는 날, 미리 성당에 와서 허겁지겁 늦게 도착하는 나를 문 앞에서 맞아 주었다. 뿐만 아니라 교리실에 함께 참여해 같이 공부해주었다. 참 고마운 아내다. 나 자신을 위해 스스로 신자가 되고자 했던 게 아니라 배우자의 교회법 위반을 해제하기 위해 영세를 받았을 뿐이지만 그렇게 공부를 해 나가자 천주교에 대해 조금씩 알게 되었다. 그러나 영세만을 약속했지 미사에 참석한다는 약속은 섣불리 할 수 없었다. 결국 아내와 약속했다. '영세는 받되 10년 동안 내가 목표했던 사업을 일구기 전까지는 미사에 참여하지 못한다. 10년 후에는 반드시 교회에 나가겠다'고 약속했다. 영세 받은 날은 날아갈 것 같이 홀가분했다. 그때의 기쁨이란 말할 수 없이 좋았다. 특히 아내에게 큰 짐을 덜어주게 되자 남편의 의무를 다했다는 생각에 스스로 뿌듯하고 만족스러웠다. 6개월 동안 고생했던 아내는 뜨거운 눈물을 흘렸다. 아내의 요구를 잘 따라준 것에 대한 고마움과 자신의 힘들었던 지난날 마음의 부담을 덜게 됐다는 안도의 눈물이기도 하다.

영세 받은 지 8년이 흘렀다. 공교롭게도 아파트 맞은 편 길 건너편에 시흥성당이 있었다. 10년 목표로 설계했던 계획을 2년이나 앞당길 수 있었다. 아내는 시흥성당에서 더 열심히 봉사하며 신앙생활을 해 나갔다. 신부님이나 수녀님들과의 관계성도 원만하게 잘 지냈고 집에도 자주 방문했다. 그즈음 토요일만 되면 이상한 꿈을 꾸었다. 신부님이나 수녀님들이 자주 등장했다. 아마도 하느님께서 나를 교회에 나오라는 메시지가 아닌가 싶었다. 주말 휴일도 없이 일해 왔던 나로서는 조금은 망설여졌다. 배우자와의 약속은 10년이었는데 지금 나가면 2년이나 앞당기는 것이기에 마음의 결단을 내리기 쉽지 않았다.

그러나 주말만 되면 꿈에 성직자들의 모습을 자주 본 탓인지 점차 불안해져서 결국 성당에 나가기로 마음먹었다. 성당은 도보로 5분 거리에 있었다. 6개월 동안 교리공부를 마친지가 8년이나 됐기에 서먹서먹했다. 성당 내 엄숙함과 앞에 놓인 제대와 고상이 인상적이었다. 예수님이 십자가에 못 박혀 고통받는 모습의 큰 목각 고상앞에서 숙연해졌다. 대리석 제단은 미사 진행할 때의 엄숙한 분위기를 그대로 담고 있었다.

신부님이나 수녀님들에게도 눈도장을 찍었다. 그분들은 특별한 사람으로 보여졌으며 신과 사람의 중간의 존재처럼 거룩하게 보였다. 어느덧 성당에 나가기 시작한지 6개월이 지났다. 이제 낯설고 서먹했던 마음도 사라지고 제법 교회 공동체의 한 일원이라는 자부심도 생기기 시작하였다. 종교에 대한 가치관의 변화와 신앙인이 되겠다는 마음가짐도 점점 싹트기 시작했다. 주일 참석은 물론, 될 수 있으면 교회를 위해 봉사 활동도 기꺼이 참여하기로 다짐했다. 무엇보다 배우자와 함께 미사에 참여하여 각자의 바람과 소원뿐만 아니라 공통의 관심사도 함께 기도함으로써 새롭게 삶의 의미를 찾아가는 느낌이었다.

이웃에 누가 사는지 모른 채 살았던 지난날에 비해, 신앙공동체에 속한 일원이 되어 이웃 신자들과의 교류는 삶의 질을 더욱 높여주었다. 오직 나 혼자만의 세상을 스스로 헤쳐 나가며 살아왔던 지난날에서 이제 이웃과 함께 살아가야 하는 환경의 변화는 내 인생에서 적지 않은 충격이었다. 그러나 나의 존재감을 새롭게 인식함은 물론 더 살아가야 할 이유도 찾게 되었다.

당시 시흥성당은 신축공사 과정에 있었다. 모든 신자들이 힘을 모아 성공적인 완공이 될 수 있도록 참으로 열심히 봉사했다. 나아가 신축 모금운동도 적극적으로 펴 나갔다. 그러던 어느 날 신자 간담회가 열렸다. 성당 임원을 비롯한 일반신자 등 200여 명이 모여 있었다. 일명 소주파티로써 신축 모금을 위한 자리였다. 소주 한잔을 마시고 취한 분위기에서 효과적인 모금 운동을 펼치려는 목적이었다.

강요는 없었으며 각자 알아서 자신의 능력과 성의에 따라 약속금을 적어내는 것이다. 소주파티의 분위기가 무르익어갔지만 좀처럼 선뜻 먼저 나서서 신립을 자청하는 신자는 보이지 않았다. 순간 옆자리에 앉아 계신 총회장이 동기부여가 될 수 있도록 새내기 신자인 나에게 먼저 신립해주면 어떠냐며 넌지시 요청했다. 분위기상 절대 거절하기 어려운 상황이라 먼저 나가 신립서(신축기금 기부의향서)를 제출했다. 한마디로 말해 총대를 먼저 맨 것이다. 교회를 위해 기부하는 것은 하느님에게 드리는 것이라 생각하여 일금 100만 원을 적어 냈다.

40년전 33세의 나이로 100만 원이라는 금액은 상당한 액수였다. 적지 않은 액수이기에 10개월 분할 납부를 약속했다. 신청자와 금액이 발표되자 참석자들은 놀란 듯 웅성거렸다. 교회 간부(사목위원)도, 소문난 부자도 아닌 젊은 새내기 신자가 거금을 기부하겠다는 것에 놀란 표정이었다. 드디어 간부급 신자들부터 한 사람씩 앞으로 나아가 신청을 하기 시작하면서 거의 모두가 각자 형편에 맞게 신립금 신청을 했다. 그렇게 소주파티는 성공적으로 마무리됐다. 이후 매달 말일이면 꼬박꼬박 10만원을 모아 하느님께 받쳤다. 어느 달인가는 회사 수금이 되지 않아 사채를 얻어 납부를 완수하기도 했다.

신립금 신청은 하느님과의 약속이라 굳건히 믿고 꼭 실천해야 한다고 생각했다. 사채까지 빌려 헌금했던 것은 어리석었지만 그때는 문제가 되지 않았다. 그러나 성당 신축은 예정대로 진척이 되지 않고 길어지기만 했다. 신축 기금이 원만하게 모금되지 않아 공사 대금이 지연되면서 자연 공사가 늦어졌다. 5천명의 신자에서 참여자는 그리 많지 않았다. 공사가 마무리 단계에서도 지체되자 신자들과 무엇인가 해야겠다는 절박감이 생겼다. 결국 신자들이 미숫가루를 만들어 팔기로 했다. 미숫가루를 포니 승용차 트렁크에 가득 싣고 주일마다 다른 성당을 찾아다니며 팔기 시작했다. 작은 아이를 등에 들쳐업고 '미숫가루 사세요! 여러분이 사주신 미숫가루 대금은 우리 성당 신축기금으로 들어갑니다. 복 받을 수 있도록 기도하겠습니다. 미숫가루 한 봉지도 좋으니 사주세요.' 그렇게 애원하다시피 소리를 질렀다. 그러면 아내와 아이를 업은 내 모습이 처량해 보였던지 트렁크에 가득 실은 미숫가루는 금세 팔려 나갔다. 이렇게 신자들 한 사람 한 사람의 정성 덕분에 드디어 시흥성당은 축성하게 됐다. 40년 전에 지은 성당이 지금도 변함없이 굳건히 서 있는 모습을 볼 때면 감회가 새롭다.

교회 나간 지 1년이 지난 본격적인 신앙생활을 하기 시작했다. 신부님이나 수녀님과의 관계도 더욱 밀접하게 교류하면서 그분들의 요구에도 무조건 따랐다. 다른 사람들보다 일찍 승용차를 가졌기에 어려운 응급 환자들을 태우는 일이며 수녀님들의 밤늦게 긴급 신자들의 호출에도 기꺼이 함께 했다. 결혼 8년이 지난 해 수녀의 권유로 '매리지 엔카운터'라는 부부교육 프로그램에도 참석해 2박 3일 배우자와 함께 했다. 결혼생활을 재발견하기 위한 가톨릭의 세계적 프로그램이다. 우리 부부가 지난날들을 되돌아볼 수 있는 좋은 경험이었다. 1년이 지나 다시 또 한 번의 디퍼 주말을 체험하면서 이제 우리 부부도 다른 부부를 위해 봉사자(발표자)로서 참여했다.

이후 19년 6개월 동안 매리지 엔카운터 봉사를 하면서 우리 부부는 오히려 하느님의 넘치는 은총을 체험하면서 아름다운 부부 생활을 실천했다. 수많은 부부를 상대로 참여한 교육 봉사는 그동안 참여했던 활동 중 가장 값지고 아름다운 봉사였다. 이 세상 모든 것들이 부부로 인한 것이며, 한 부부의 모습은 곧 가정의 모습이자 이웃의 모습, 나아가 사회와 국가의 모습이 아니겠는가.

그러므로 부부의 생활은 종교를 떠나 인간의 삶에서 가장 중요하다. 인간 사회의 가장 기본이 되는 일이다. 이렇게 나는 오랫동안 신앙인에 합당할 만큼 깊은 신앙심은 자신할 수 없지만 교회 공동체 안에서 많은 봉사 활동을 펼쳐왔다. 신앙인은 신의 뜻에 따르려고 노력해야 한다고 믿는다. 선을 실천하고 진리와 정의를 추구하면서 다른 사람에게 선한 영향력을 끼치는 사람이라 하겠다.

성당과 교회나 절이 외형적으로 웅장하다고 존경받는 게 아니다. 규모와 관계없이 그 안에서 믿음을 가진 사람들이 진정 사랑을 실천한다면 종교인으로 추앙받게 된다. 큰 건물이 있는 교회는 단순히 신자들이 모여 기도하는 곳 그 이상 이하도 아니다. 웅장한 대웅전이 있는 큰 사찰을 찾아 지극정성으로 불공을 드리는 신자라 해도 부처님의 가르침을 몸소 실천하는 작은 불교인과 비교할 수 없다. 교회와 사찰의 외형적 규모와 관계없이 아름다운 사회를 만들기 위해 노력할 때 그 교인이야말로 진정한 신앙인이 아닐까?

수녀원 가는 길

영세를 받았지만 실제 성당 미사에 참석한 것은 한참 뒤였다. 40년 전부터 시흥동성당에 나가기 시작했다. 배우자에 이끌려 당산동성당에서 영세를 받았지만 8년의 냉담(冷淡) 끝에 성당을 찾았다. 시흥동성당에는 언제나 로만칼라 복장을 한 신부님과 검은 수녀복 차림의 수녀님이 있었는데 왠지 낯설고 부담스러웠다. 당시 성당에는 천주섭리수녀회 소속 수녀님 두 분이 계셨다. 수녀님은 미사 를 준비하고 신자가 되기 위해 찾아온 사람들에게 주로 교리 공부를 가르쳤다. 처음 아내로부터 수녀님을 소개받았을 때 멋쩍고 어색해 쩔쩔매던 기억이 난다. 일생 기도와 봉사의 삶을 사는 분들인 만큼 일반인들이 범접하기 어려운 분들이라 생각했다.

성당에 나간지 1년이 되었다. 아내는 수녀 본원인 '천주섭리 수녀회'에서 초대를 받았다며 함께 수녀원을 방문하자고 권했다. 수녀원에서 왜 우리를 초대했을까 궁금했다. 더구나 수녀들이 사는 곳은 금남의 집인데 내가 방문하는 게 어쩐지 부자연스러워 자연히 거절했다. 그러나 아내는 수도자나 성직자의 요청이면 따라야 하는 게 맞다며 계속 설득했다. 성당에 다닌지 겨우 1년된 초보 신자인데 수녀원 방문이 왠말인가 싶어 내키지 않았다. 나로서는 매우 낯선 수녀원이지만 아내의 요청에 따라 나섰다.

1980년 봄날 배우자와 모처럼만의 나들이를 겸해 인천 송월동 수녀원으로 향했다. 정결, 순결, 순명을 기본 모토로 한 수녀원은 맑고 순수한 진리의 전당이기에 이른 아침 정갈한 몸단장을 갖추었다. 매서운 그해 겨울 강추위도 멀리 떠나가고 남쪽 나라에서 전해오는 봄소식에 맞춰 산천에는 진달래기 만발했다. 길가에는 노란 개나리도 합창을 하며 미소를 지었다. 자운영꽃 가득한 연분홍빛 풀밭에는 벌과 나비들이 춤을 추며 봄을 노래하고, 스치는 가로수마다 봄맞이 준비에 한창이었다. 가지마다 물오른 어린 새싹들이 앙증맞게 고개를 내밀며 인사한다. 온 세상 만물이 소생하는 봄은 우리들에게도 새로운 삶을 맞이하는 부활의 기쁨을 주었다. 시내를 벗어나 경인고속도로를 거쳐 송월

동 가파른 언덕에 우뚝 서있는 하얀 건물의 수녀원에 도착했다.

살며시 초인종을 눌렀다. '어서 오세요' 하며, 상량하고 고운 목소리의 어린 수녀님이 반겨 주었다. 수녀는 넓은 방으로 안내했다. 방에는 먼저 도착한 부부들이 앉아 있었고 그들을 보자 긴장했던 마음이 스르르 풀렸다. 서로 가볍게 인사를 나누며 모두가 수녀원 방문은 처음이라는 사실을 알게 됐다. 일정 프로그램 안내받은 후 나이 지긋한 외국 수녀님은 맑고 밝은 미소로 천주섭리 가족이 된 것에 대해 감사의 인사를 전했다. 아울러 오늘 하루 피정(避靜)이 매우 유익한 시간이 되기를 바란다며 기도의 말씀도 해 주셨다.

그제서야 이곳에 온 이유를 알게 됐다. 매우 어색한 자리였지만, 이왕 왔으니 열심히 묵상하고 즐거운 마음으로 하루를 보내기로 마음먹었다. 오전에는 '나와 하느님과의 관계', '신앙인로서의 삶'이란 제목으로 신부님과 수녀님의 강의가 이어졌다. 점심은 수녀님들이 직접 요리해 준 맛있는 식단을 즐겼다. 반찬마다 수녀들의 정성어린 솜씨가 가득해 맛도 있었지만 마음도 정화될 만큼 깔끔했다. 깊은 산속 사찰음식이라도 이보다 더 정갈할 수는 없을 것 같았다. 한입 떠먹을 때마다 숙연했다. 세상에 태어나 처음으로 경험한 특별한 오찬이었다. 오후에는 대화나누기와 파견 미사로 수녀원의 하루 일정을 마쳤다. 한 번도 경험하지 않은 특별한 하루였다. 이제는 섭리가족 회원이 되어 수녀원에도 소속감을 갖게 됨으로써 마음의 평화를 느낄 수 있었다. 수녀원 가는 길은 무겁고 망설이는 길이었지만, 돌아오는 길은 가볍고 행복과 축복이 넘치는 길이었다.

어떤 일이든 직접 체험해보지 않고 속단해서는 안 된다. 막상 부딪히면 행복한 일들이 많은 게 인생이다. 수녀원 다녀오면서 내 인생의 한 페이지를 그렇게 장식했다.

천주섭리수녀원에 관해

신부는 교회의 운영권에 관한 모든 책임을 교구청으로부터 위임 받고 교구장의 명에 의해 부임한 분들이다. 수녀들은 각기 소속 수녀회에서 파견 나온 분으로 주임 신부를 보좌하고 여러 잔무를 처리하도록 돼 있는데 사도직 수행과 봉사를 주로 한다. 이들 수녀들은 천주섭리수녀원 소속 수녀님들이다. 천주섭리수녀원은 1851년 9월 독일인 케틀러 주교가 1851년 9월 휜튼에서 설립된 천주섭리간호수녀회의 지원자 네 명으로 시작되었다. 한국에는 1966년 미국과 독일 수녀 세 분이 파견되어 서울에 공동체를 마련했다.

1968년 인천 송월동에 자리를 잡고 1971년 인천시립병원에 간호수녀님들을 파견함으로써 사도직 수행을 시작했다. 1975년에야 한국 공동체가 지부로 승격되었다. 수녀회 정신은 예수 그리스도의 정신이다. 천주섭리수녀회 영성이나 성경의 인도를 받아 그 정신을 추구하고 예수처럼 살며 하느님 뜻을 준행하고자 힘쓴다. 이 정신에서 봉사와 사명을 통해 섭리의 하느님에 대한 증거를 세상에 드러내고 진실함과 인내심으로 하느님 나라를 확장하고자 노력한다. 지금은 6개 나라에 지부와 관구가 있으며 약 700명의 수녀 가족들이 공동체를 이루고 있다.

2001년 현재 천주섭리수녀회가 창립된 지 150년이 되었다. 1980년에 맺어진 천주섭리수녀원과의 인연도 어느새 20년이 흘렀다. 수녀원과의 후원 가족회에 가입한 후 물질적으로는 큰 도움을 주지 못했지만 수녀원의 발전을 위해 늘 기도로 축원해 왔다. 수녀원에서도 우리 가족회를 위해 영적 지원을 아끼지 않았으며 매년 정기적으로 피정과 가족 모임을 주선해 주었다. 수녀원과 가족회간의 든든한 유대 관계는 꾸준히 유지해왔다. 그러던 중 우리 부부가 가족회 대표로 추천되어 몇 년 동안 봉사하는 기회를 맞이했다.

때마침 수녀원은 인천 송월동에서 이곳 수원 왕림동 가톨릭대학 옆 산자락 넓은 대지 위에 이전했다. 가족회 회장으로 봉사하는 동안 수녀원 창립 150주년을 맞아 조촐한 행사가 진행되어 천주섭리수녀 가족회 대표로서 축사하게 됐다. 축사 내용을 소개해 본다.

천주섭리수녀원 창립 150주년을 축하하며

존경하는 양 마르타 관구장 수녀님, 그리고 이 자리에 참석하신 신부님들, 또한 수녀회 장상 수녀님들을 비롯한 모든 수녀님과 섭리회 후원가족 여러분! 천주섭리수녀회 창립 150주년을 진심으로 축하드립니다.

이 자리에는 훌륭하신 내외 귀빈들께서 많이 참석하셨음에도 불구하고 제가 축사를 내신하게 되어 무한한 영광으로 생각합니다. 한편으로는 매우 부끄럽고 송구스러울 따름입니다. 제가 여기에 서 있음은 아마도 20여 년 동안 먼 이웃에서 이곳 햇빛 내리는 곳 섭리수녀회를 줄곧 바라보고 있었던 까닭이 아닌가 싶습니다. 말씀드린 대로 멀리서 그냥 지켜만 봐왔기 때문에 우리 수녀회가 창립 150년이 되기까지 그 긴 역사의 지식이나 정보가 없었습니다. 늦게나마 우리 한국 관구 수녀회를 지켜보면서 알게 된 아주 작은 식견을 토대로, 수녀회가 제 삶에 어떤 영향을 끼쳤는지 간단히 말씀드리고자 합니다.

섭리수녀회와의 인연은 1980년이었습니다. 당시 수녀회 한국지부에는 외국 분이신 빅토리 원장 수녀님이 계셨으며 몇십 명에 불과한 작은 수도 공동체였습니다. 그러므로 여러 가지 제한된 여건이었기에 봉사 활동도 그리 녹록하지 않았던 것으로 기억됩니다. 그러나 수녀원의 분위기만은 늘 정숙하고 포근했습니다. 언제나 그곳은 고향집을 방문했을 때처럼 안온하고 포근한 공동체였습니다. 1980년도 이전, 수녀원은 금남 구역이며 나와는 거리가 먼 이

방인들이 사는 곳으로만 알았지만 이제는 어머니 품처럼 포근한 곳으로 변했습니다.

어쩌다 수녀원에서 식사라도 하게 되었을 때 수녀님들이 준비해주신 정갈한 음식조차도 저희들 마음을 정화시켜 주었고 수녀님들과의 정겨운 대화는 현대 사회의 세속 생활에 막 젖어가는 저에게 하느님께서 계획하신 인간의 삶이란 무엇인지를 분명히 일깨워 주셨습니다. 물질과 출세를 추구하는 삶과 하느님께서 계획하신 삶은 분명히 달랐습니다.

1980~90년도 대한민국은 역사 이래 가장 높은 고도 산업 성장기에 있었습니다. 저 역시 경제 전쟁의 대열에서 부와 명예를 위해 경주하고 있던 차 섭리수녀회와의 인연이 얼마나 다행스러운지 모릅니다. 그런 면에서 참으로 운 좋은 사람입니다.

그 후 발전을 거듭한 우리 수녀회는 수녀님들만 해도 140여 명에 달하고 있습니다. 파견 성당 20개 교회의 본당 사목에 동참하고 계시며 병원 운영과 양로원 및 사랑의 이웃집, 무료 급식소 운영과 교육기관 파견 및 운영 등 노동사목의 일환으로 외국 근로자 인권보호 사업에도 깊이 참여하고 있습니다. 이러한 사업으로 수녀원 창시자 케틀러 주교님의 설립 이념에 따라 정의 실현, 노동사목, 교육육성, 빈자와의 나눔을 적극 실천해온 공동체입니다. 이렇게 우리 천주섭리수녀회의 발전은 가히 기적이라고 할 만큼 괄목한 성장을 이루어 왔습니다.

더욱이 개도국에서 선진국으로 진입하는 한국 사회가 물질주의로 만연해 가고 철저하게 개인주의로 변해 가는 어려운 여건 속에서 우리 수녀회는 영적 세계를 꾸준히 알려 왔습니다. 이런 발전은 결코 그냥 이루어지는 것이 아닙니다. 운이 좋아 이룩된 것은 더더욱 아닙니다.

이는 바로 수녀님들의 각고의 노력과 헌신적 인내가 함께하는 순명의 봉사 정신을 실천한 결과입니다. 수녀님들은 쉽게 갈 수 있는 훤하고 넓은 길을 외면하고 험하고 어두운 좁은 길을 선택했습니다. 소외되어 세상에 잘 보이지 않는 어두운 구석과 좁은 곳을 찾아서 작은 빛을 비추며 열심히 살아가고 있지 않습니까? 스스로의 자신을 태우며 살아가는 모습은 언제나 거룩하고 아름다운 참 사랑의 모습입니다. 저는 작은 빛을 발하는 분들을 더욱 사랑합니다.

때때로 우리는 넓은 곳, 큰 빛을 발하는 곳만 찾아 모여 들곤 합니다. 하지만 그 넓고 환한 큰 빛은 언제까지 계속해서 비치겠습니까? 그러므로 꺼지지 않고 오랫동안 작은 빛을 발하는 이들을 더 좋아 하는 것입니다. 언제, 어느 하늘 아래서나 어두운 곳을 찾아서 작은 빛을 비춰주는 수녀님들을 더욱 사랑할 것입니다.

다시 한번 천주섭리수녀회 창립 150주년을 축하하며 수녀회의 무궁한 발전과 하느님의 축복이 늘 함께 하시기를 빌며 축사를 마칩니다.

3장

살며 사랑하며

도장은 나의 분신

"돈을 잘 벌려면 무엇보다 인감부터 소중히 다뤄야 한다. 인감은 곧 인격이기 때문에 도장을 소홀히 하면 돈을 벌 수 없단다."

고교 시절 상업대요를 가르쳐주신 김기태 선생님은 인감이 얼마나 중요한지 늘 강조하곤 했다. 상업고등학교 수업에는 타자, 부기, 주산 과목도 있지만 제목 첫머리에 '상업'자로 된 과목들이 많았다. 상업영어, 상업대요, 상업부기 등 주로 사회에 진출하여 바로 적용할 수 있는 실기 위주의 학문을 가르친다. 물론 영어 수학 국어 화학 한문 국사 등의 과목도 들어 있다. 인문고등학교가 아니기 때문에 주로 취직을 위한 수업으로 채워진다. 따라서 일반 필수과목보다는 상업 과목들이 인기가 많아 학생들은 주로 주산이나 부기과목 수업에 열중했다.

수학이나 화학처럼 복잡한 공식과 깊은 이해가 필요한 수업이 아니라 간결하면서도 성공적으로 사회에 진출할 수 있는 방법, 즉 돈은 어떻게 버는가에 대해 더 많은 흥미를 갖고 선생님의 말씀에 집중하다 보면 어느새 수업은 아쉬움을 남긴 채 끝나 버렸다. 김기태 선생님은 무엇보다 인감도장을 소중하게 다뤄야 한다고 강조했다. 인감을 함부로 취급하거나 남발해서는 안 된다는 것이다. 도장(圖章)이란 일정한 표적(表迹)으로 삼기 위하여 개인 단체 관직 따위의 이름을 나무, 뼈, 뿔, 수정, 돌금 따위에 새긴 물건이다. 사회에 첫발을 내딛던 1967년, 돈 5원으로 '막도장' 하나를 만들었다. 지름이 가로 8mm, 세로 11mm, 길이 89mm 크기로 검은 소뿔 재질을 선택해 '종기(淙基)'를 새겨 넣었다.

예로부터 도장은 매우 귀중한 것으로 생각되었다. 이름과 도장을 운명처럼 해석하기도 한다. 따라서 아무 곳에서나 도장을 함부로 만들면 안 된다는 사람도 있다. 용도에 따라 그 종류도 다양하다. 인감도장, 만년도장, 사무용도장 등으로 구분되며, 법인인감, 개인인감, 부부인감, 가족 인장 등 사용목적과 제도에 따라 구별된다. 도장은 그 안에 새겨진 이름에 책임성을 부여하고, 사업이든 거래든 그 실체를 보증한다. 도장 사용에는 책임과 의무가 따르기 때문에 법인이든 개인이든 사용여부에 따라 운명이 달라지기도 한다. 나 역시 인감도장도 있지만, 특별한 경우가 아닌 한 대부분 1967년 사회생활을 처음 시작할 때 만들었던 하찮은 만년도장을 여전히 사용하고 있다.

그 도장은 반세기가 넘도록 내가 직접 챙겨야 할 권리와 책임을 대신했다. 입사 초기에는 전표 작성자 인감으로, 차차 결제 도장과 은행 입출금 도장으로 사용했다. 오랫동안 생사고락을 함께 해온 나의 대변인이요 동반자였다. 도장은 그 안에 새겨진 주인의 인격을 대신한다. 살아 있을 때는 그 주인의 대리 역할을 수행하지만, 주인이 죽은 후에는 도장도 따라 죽는다. 일종의 순장인 셈이다. 죽은 자의 도장은 사용할 수도 없고 사용해서도 안 된다.

도장은 다양한 사용처와 크고 작은 용도에 사용된다. 예를 들어 통장을 해지하거나 소액을 찾기 위해 사용하기도 하고 거금을 인출할 때도 사용한다. 비록 볼품없는 막도장이지만 그 위력은 이처럼 대단했다. 나의 막도장은 지난 40년 동안 CEO로서 최종 결제도장으로 사용되는 한편, 50여 년 동안 모든 금융기관의 통장 도장으로 쓰여졌다. 단돈 몇 천원부터 수백억 원을 인출할 때도 막도장을 사용했다. 그러기에 막도장은 살아있는 권력자이다. 각서에도, 약속금 확인서뿐만 아니라 계약서에도 이 도장은 나를 대신하여 모든 분야에 사용되었다.

도장이 이토록 중요하다는 사실은 일찍이 상업선생님으로부터 배웠다. 그 교훈은 지금도 내 머릿속에 남아 오늘날까지 도장을 잃지 않고 굳건히 보존하여 사용하고 있다. 돌이켜보면 그 동안 나와 함께 해온 모든 것들이 소중하지 않은 게 없다. 특히 도장은 나의 경제 생활을 지켜보고, 어려울 때나 부요할 때 늘 함께 해왔기에 더욱 정이 간다. 51년의 세월이 흘렀지만 나의 이 검은 도장은 곁을 떠날 줄 모르고 나를 지켜주며 함께 해오고 있다. 아내와 함께했던 기간보다 훨씬 오랫동안 내 곁을 지켜준 작은 도장이야말로 보석보다 진한 애정을 갖고 있다.

지금까지 내 삶의 기반을 다져올 동안 도장은 나의 동업자였으며 때론 주인 역할을 해 왔다. 도장에는 나의 삶의 애환이 고스란히 묻어있으며 지난 내 인생의 그림자이기도 하다. 실패했을 때도 포기하거나 떠나지 않고 함께 고민하고 슬퍼했으며 일에 성공했을 때 그 기쁨과 희열도 함께 나누며 더 큰 꿈을 향하여 그림을 그려주기도 했다. 도장은 나를 대신하여 얼마나 많은 빨간 인주와 수천 아니 수만 번의 얼굴을 지면에 짓이기며 박혔던지 이제는 보호 테두리도 낡아 떨어져 나간 고령자가 되었다. 이름 흔적만 남았다.

점점 쓰임새도 줄어들어 앞에 나서기보다 겸손하게 주인을 따르고 있을 뿐이다. 앞으로도 10년은 족히 그 쓰임새가 남아 있는 듯 하니 쉬엄쉬엄 가면서 그저 내 곁을 떠나지 않고 운명 다할 때까지 함께 있어 주길 바래본다. 디지털 시대, 사인으로 인감을 대신 하는 요즘에는 맞지 않은 소재라 하겠지만, 시대가 변해도 도장의 중요성은 영원히 변치 않을 것이다.

사소한 것들의 소중함

새벽 6시 30분이면 먼저 현관문을 열고 조간신문을 찾는다. 지난 밤 11시 방송뉴스를 보고 잠자리에 들었으나 행여 간밤 사이에 발생한 새로운 뉴스거리가 나오지 않았나 싶어 신문부터 챙긴다. 사실 조간신문이라고 해봐야 한밤중에 이미 배달되겠지만 새로운 뉴스에 대한 관심 때문에 습관적으로 신문을 찾는다. 요즘에는 톱기사보다 마지막 면에 실린 논평이나 칼럼에 더 관심이 많다. 그렇게 30여분 동안 신문을 읽고 다시 아침 방송에 귀를 기울인다. 한 시간쯤 지난 뒤에야 양치질과 면도를 한다.

그런데 오늘은 지금까지 깎아냈던 수염은 얼마나 될까 궁금했다. 나이가 들어가면서 별개 다 궁금해진다. 계산해보았다.

하루에 1mm로 자란다고 볼 때 50년이면 18m(1mm×356일×50년=18,250mm)라는 계산이 나온다. 설령 하루를 건너뛴다 해도 수염은 멈추지 않고 자라기에 다음 날은 2mm가 된다. 나이 들어 수염도 젊었을 때보다 훨씬 더 잘 자란다. 손톱과 발톱 역시 그에 질세라 경쟁하듯 쑥쑥 잘 자란다. 모든 신체기관이 노화되면서 느려질 법도 한데 머리카락과 손발톱은 잘도 자란다. 가끔은 턱수염이라도 자라지 않으면 얼마나 좋을까 하는 엉뚱한 마음이 생긴다. 매일같이 깎아야 하기에 여간 귀찮은 일이 아니다. 특히 바쁠 때 면도를 서두르다가 턱을 벨 때도 있다.

세면과 머리 감는 일이 끝나면 머리 손질에 들어간다. 드라이기를 잡고 흐트러진 머리를 가지런히 정리하는 것이다. 그런데 갑자기 드라이기에서 잡음이 나기 시작했다. 이리저리 살펴봐도 어디 금이 가거나 깨진 곳은 없었다. 드라이기를 사용한 이후 처음으로 상표표시와 제조일자를 살펴보았다. '제조일 1995년 12월 15일.' 허참! 나와 함께 보낸 세월이 25년이 지난 줄은 미처 몰랐다. 드라이기는 '주인님, 이제 내 수명도 다 되었나봅니다.' 그렇게 하소연하는 듯 했다. 지글지글 끓는 소리는 마치 노인들의 담이 끓을 때 나는 소리처럼 안타까웠다. 지난 22년 동안 아침마다 희로애락을 같이 겪어온 처지랄까? 손질을 할 때마다 드라이기는 자신의 불을 태우고 바람을 일으켜 나의 머리를 다듬어주었다. 참 감사한 기계다.

드라이기의 사명은 주인의 머릿결을 잘 다듬어 미남(?)으로 변신시키는 일이다. 행사가 있을 때나 명절 때면 더욱 빛을 발하게 해주었다. 어르신들을 만날 때는 가지런히, 그리고 단정하고 점잖게 세울 곳은 세우고 눕힐 곳은 눕혀 핸섬하게 꾸며주었다. 그렇게 정성을 다해 머릿결을 잘 조절해주었던 나의 분신이다. 이 드라이기가 이제는 서서히 내 곁을 떠나려 하고 있다. 그 울부짖는 소리에 가슴이 아려 온다. 그동안 참으로 고생 많았고 한 번도 고장난 적 없이 주인의 말을 잘 따라 주었던 나의 드라이기. '제발 10년만 더 버티면 안 될까! 이제 이 나이에 어디에서 자네 같은 심복을 만날 수 있을까?'

드라이기는 25년 전 제법 젊은 시절, 단골 이용사의 중매로 인연을 맺었다. 그 일이 엊그제 같은데 벌써 두 번이나 강산이 변했으니 세월은 속절없이 흘러가기만 한다.

이 나이에 이 드라이기와 같은 친구를 만나기란 쉬운 일이 아니다. 스스로 찾아내야 하는 데 과연 이렇게 튼튼하고 견고한 드라이기를 찾을 수 있을까? 안타깝지만 오늘 아침에도 하는 수 없이 울부짖는 모터 소리를 들으며 행여 멈출세라 조심조심 1단계에 맞춰 불안한 심정으로 머리를 겨우 매만진 후 출근길에 나섰다.

주말 출근의 행복

주말에 회사 가는 길은 왠지 설렌다. 집에서 분당 정자역까지는 빠른 걸음으로 12분, 느린 걸음으로 15분이 걸린다. 전철역을 가려면 탄천 산책로와 건물을 끼고 가는 일반로 또는 쇼핑로를 거친다. 이중 산책로는 더할 수 없이 아름답다. 특히 주말은 평소와 달리 한산하기 때문에 고즈넉하다. 아파트 후문을 지나면 양쪽 나무들이 빽빽이 우거진 숲길을 만난다. 자작나무를 비롯해 벚나무, 느티나무, 단풍나무들이 팔을 힘껏 뻗어 하늘을 가린다.

도시의 주거지역이지만 이렇게 자연과 숲과 천을 사이에 두고 조성된 산책로는 걷는 이들에게 행복을 선사하고도 남는다. 이

길을 걷는 이들은 도시인으로서는 좀처럼 누리기 힘든 혜택을 입은 운 좋은 사람들이다. 신우대 군락과 철쭉과 개나리 등은 서로 어울려 작은 동산을 이룬다.

5분쯤 걸으면 신호등 하나를 지나면서 은행 건물과 다양한 상점들로부터 눈을 뗄 수 없다. 수십 종의 자전거 전시장을 지나면 이번에는 자동차 전시장이 화려하다. 나는 이곳을 제일 좋아한다. 멋진 자태를 뽐내는 스포츠카를 비롯해 새로운 모델의 고급 승용차들이 반짝거리며 아침 햇살로 광을 내며 경쟁하듯 빛난다. 양복점은 또 어떤가. 쇼윈드에 장식된 멋진 양복을 보면서 기성복만 입을 것이 아니라 언젠가는 맞춤 양복을 한번 걸쳐보고 싶은 견물생심의 욕구에 잠시 빠지기도 한다. 이번에는 패스트푸드 치킨가게와 마주친다. 냄새만으로도 길손들의 입맛을 당기게 한다.

산책로가 주는 자연의 아름다움이나 사람이 만든 인위적 세상의 아름다움도 행복하지만 가장 감탄하는 인공물은 '무인 지하철'이 아닌가 싶다. 신분당선 전철역에 도착하여 지하로 통하는 에스컬레이터를 탄다. 지하 2층까지 직선으로 연결된 에스컬레이터는 상당히 길고 길다. 젊은 사람들은 내려가는 시간을 당기고 싶은 듯 쿵쾅거리며 에스컬레이터를 서둘러 내려가지만 그 모습마저 활기차게 보인다.

지하철은 세금이 국민들을 편리하게 해준다는 생각을 갖게 해

주는데 가장 좋은 교통시설 중 하나다. 어디를 가든 편리한 지하철역 시설에 감탄하곤 한다. 가끔은 과도한 세금 때문에 정부란 돈 먹는 하마라는 불만도 있지만 지하철을 탈 때면 세금이 훌륭하게 쓰이는 것 같아 입가에 미소를 머금기도 한다. 65세 이상 노인들의 특권인 '프리패스카드'를 내밀고 전철에 오르면 그 기분은 한껏 고조되어 만족한 기분에 젖는다.

우리가 내는 세금이 아깝지 않다는 생각과 전철을 무료로 이용하는 즐거운 기분에 더해 한가지 더 재미있는 것은 신분당선 지하철이 무인 운전이라는 점이다. 그동안 지하철 하면 '지하철 노조'의 잦은 분규가 떠오르곤 했다. 파업과 지하철 운행 거부로 이어지는 단체 행동이 있을 때면 철도란 국가의 혈관이건만 그 혈맥부터 일단 끊은 뒤 지하철 이용객들을 볼모로 삼아 협박하고 오직 자신들의 요구를 충족하는 행태에 분노해 왔던 터라 부정적인 인식이 떠올랐다. 자동으로 운행되는 지하철을 타고 보니 과학과 기술의 발달은 노사분규와 같은 인간 사이의 갈등과 분노도 점차 사라지게 하지 않을까 싶었다. 그런 점에서 무인 지하철은 참으로 긍정적인 교통수단이 아닐까?

누구의 신세도 지지 않고 내가 낸 세금으로 지하철을 이용한다는 점에 긍지와 보람을 느낀다. 지하철 이용객의 재잘거리는 대화와 졸음에 겨워 고개를 떨구다 다시 세우는 모습들... 흐르는 시간을 관조하듯 꼿꼿하게 허공을 응시하는 모습 등을 보면서 나도 저들과 함께 이 행복한 지하철의 혜택을 누리고 있다는 사실에 감사하기도 한다. 한 구간의 짧은 지하철 여행을 마치고 동천역에 내려 이번에는 지하 2층에서 엘리베이터를 타고 1층에 도착한다. 광명으로 가득 차 눈부신 새로운 세상을 맞이하는 느낌이다. 그냥 바라만 보아도 기쁨과 환희가 넘치는 지상의 세계가 아닌가. 이래 저래 나의 주말 출근길은 상쾌한 하루를 맞이하는 기쁨의 산책로와 같다.

탄천의 사계

분당 정자동으로 이사 온 지 벌써 15년 세월이 훌쩍 지나갔다. 10여 년 전 허리 통증으로 인해 한방 치료와 통증 치료를 겸하면서 걷기 시작한 곳이 바로 이 탄천길이다. 비가 오나 눈이 오나 늘상 걷고 또 걸었다. 근육 강화와 건강 유지를 위해서는 걷는 운동이 최고라며 의사들이 권했기 때문이다. 평일에는 저녁 식사를 마친 후 걸었으며 주말에는 아침에 주로 걸었다. 디스크 초기라는 진단을 받은 후 매일 반복해서 걸었던 운동이 병원 치료에 많은 도움을 줄 뿐 아니라 영적인 건강에도 도움이 되었다.

운동으로 인해 척추근육이 강화되면서 허리통증을 완치했다.

또한 한 시간 동안 혼자 걸으면서 자기 성찰의 기회로 삼기도 했다. 계절의 변화를 실감할 정도로 온갖 동식물들의 낙원이 되었다. 탄천을 중심으로 양쪽 보도와 자전거 도로로 나뉘어져 있어 안전하게 걷을 수 있고 자전거도 마음대로 질주할 수 있다. 주변에 넓게 조성된 잔디밭은 애완견과 함께 산책하기에 안성맞춤이다.

3월이면 탄천 물가에서 버들강아지들이 봄소식을 전해주면 철쭉과 개나리 군락은 금세 봄향기를 풍긴다. 맑게 흐르는 물속에는 겨우내 숨었던 잉어들이 큰 입들을 내밀며 지나가는 길손들을 향해 구애한다. 부화된 지 얼마 안 된 송사리들도 떼를 짓고 오리들을 요리 저리 피해 다니느라 정신이 없다. 개나리꽃이 지고 연록빛 이파리들이 돋아오를 때면 탄천 주변은 하얀 벚꽃들이 새 단장을 한다. 휘영청 늘어뜨린 가지마다 쏟아질 듯 매달린 꽃봉오리들은 하얀 설경을 이루며 환상적인 봄의 정취를 만끽하게 한다.

철마다 찾아오는 새들 또한 다양하다. 백로, 왜가리, 농병아리, 민물가마우지, 청둥오리, 원앙새 등과 텃새들인 까치비둘기, 참새, 뱁새, 까마귀, 물총새 등이 함께 탄천에 모여든다. 육지성 동물인 너구리 족제비, 들고양이들도 탄천 주변을 어슬렁거리며 산책 나온 시민들을 맞이해 준다. 여름이 되면 많은 시민들이 나와 운동을 펼친다. 어린 초등학생들은 물총 놀이를 즐기고, 철봉에 매달린 사람, 농구대를 열심히 편을 가려 시합을 즐기는 젊은 청년 학생들을 보면서 밝은 미래가 보이기도 한다. 저만치 긴 줄을 잇고 힘차게 달려가는 자전거 부대들의 모습에는 역동적인 내일을 말해주는 듯하다.

탄천에 가을이 오면 천변의 코스모스들이 제일 먼저 소식을 전한다. 달맞이꽃들도 보름달을 향해 가을 인사를 보낸다. 후두둑 떨어지는 밤송이들을 향해 어느새 다람쥐들이 겨울 식량 준비에 분주하다. 흐르는 내천은 더욱 맑아 높은 하늘을 비추며 도도히 흘러간다. 가을 하늘이 저토록 높은 것임을 탄천에서야 본다. 하늘 한번 쳐다보지도 못하며 여유 없는 인생으로 세월을 흘려보내고 있지 않은지 반성해 본다.

장대처럼 자란 갈대들은 자식들인 씨방들을 떠나 보내야 하는 아쉬움으로 서글픈지 얼굴을 부비며 싸르르 싸르르 통곡한다. 가을바람에 갈댓잎 스치는 소리는 곧 닥쳐올 북풍한설의 긴 겨울을 예고하듯 음산하기만 하다. 숯내의 가을은 그렇게 짧게 지나간다. 몇몇 열혈 운동꾼들만이 이따금 지나갈 뿐 인적도 드물다. 점점 차가워지는 맑고 청아한 냇물만이 세월을 실으며 도도히 흐를 뿐이다.

겨울을 탄천에서 지내겠다고 결심한 청둥오리 한쌍이 동료들을 떠나보내고, 유유히 물 위를 나르며 탄천을 지킨다. 아마도 탄천이 그렇게도 좋았나 보다. 탄천은 비록 인간이 사는 아파트와 빌딩에 가려져 있지만 자연이 주는 이 아름다운 천을 보호하고 아끼려는 것이리라. 자연의 섭리를 거슬리지 않으며 자연에 순응하며 살아온 결과가 오늘의 아름다운 탄천이 되었다. 오리 한쌍이 탄천에서 인간들과 함께 교감하며 떠나지 않는 이유이다.

설을 앞두고 동장군의 기세가 요란하다. 며칠 전부터 내린 눈은 그칠 줄 모르고 온 대지를 하얀 옷으로 덮는다. 아마도 겨울의 절정기에 본격적으로 눈이 쏟아질 모양이다. 바람의 세기도 만만찮다. 그야말로 눈보라다. 오늘은 아내가 하루쯤 쉬면 어떠냐고 만류한다. 거의 하루도 빠지지 않고 습관적으로 걷는 산책은 어떤 일이 있어도 행해야 할 하루의 마감 일과가 돼 버렸다. 잠자리에 들어가기 전 꼭 거치는 반신욕과 함께 건강을 위해 투자한다는 것은 하루 일과 중 매우 중요하게 생각하는 가치다. 여름날 빗속을 걷고 겨울날 눈속을 걸어야 하는 것은 자연을 피하지 않고 순응해야 하기 때문이다. 인간은 혹독한 자연환경 변화를 대체로 피해가기 마련이다. 자연은 그런 과정을 통해서 인간에게 또 다른 지혜를 준다.

자연은 혹독한 추위를 주어 인간에게 세상을 극복하려는 열정과 인내를 선사하고 자신감과 용기를 심어준다. 피하는 것보다 스스로 겪어보겠다는 도전 정신이 우리를 내적으로 성숙하게 하는 것이다. 또한 우리의 한계는 어디까지인지 스스로 체험할 수 있는 기회를 준다. 외부로부터 지식(정보, 학습, 교육)을 쌓아가는 것도 중요하다. 그러나 내적 지식을 쌓는 것은 이보다 훨씬 중요하다. 스스로의 지식을 인지하고 키워가는 것이야 말로 우리 인간들이 꼭 자신들이 스스로 도전해야 하는 의무인 것이다.

탄천의 사계를 돌아보았다. 봄도 좋고, 여름, 가을도 좋지만 사계에서 가장 유익한 계절을 꼽는다면 나는 서슴지 않고 겨울을 손꼽는다. 나이가 들어도 식지 말아야 할 내적 요소가 있기 때문이다. 겨울은 죽는 그날까지 우리로 하여금 삶에 대한 열정과 끝없이 밀려오는 고난에 대한 인내와 용기를 가져야 한다고 귀띔해주기 때문이다.

탄천의 역사와 유래

탄천은 총연장 35.6km의 한강 지류로서 경기도 용인시 기흥구 창덕동에서 발원해 성남시와 서울시 송파구, 강남구를 거쳐 한강으로 유입된다. 절반이 넘는 약 25km 구간이 성남시의 중심에 걸쳐 있다. 우리말로는 '숯내'라고 하며, 탄천(炭川)은 성남시의 옛 지명인 탄리(炭理)에서 유래되었다. 탄리는 지금의 성남시 태평동 수진도 신흥국 일대에 해당하는 곳으로 예전에는 숯골 독정이 등 자연마을이 있었다.

조선 경종 때 남이(南怡) 장군의 6세손인 남영(南永)이 이곳에 살았는데, 그의 호가 탄수(炭叟)였다. 탄수가 살던 골짜기라 하여 탄골 또는 숯골이라 불리었다. 탄골을 '흐르는 하천'이라는 뜻으로 '탄천'이라 부르게 되었다는 것이다.

한강의 제1 지류이며 용인시 구성면 청덕리 높이 340m 지점, 남서쪽 계곡에서 발원해 북쪽으로 흐르며, 성복천, 동막천, 분당천, 야탑천, 여수천, 상적천, 대원천, 다대천, 세곡천 등과 차례로 합류하는 강이다. 서울시 강남구 대치동 부근에서는 양재천과 합하고 강남구와 송파구의 경계를 이루며 흐르다가 강남구 청담동과 송파구 신천동 사이에서 한강으로 흘러간다.

흐르는 냇물처럼

10년이면 강산도 변한다 했다. 나와 탄천의 인연은 벌써 20년이나 지났으니 강산이 두 번이나 바뀐 셈이다. 분당과 성남을 관통하는 탄천은 아파트와 마천루를 이루는 건물들, 그리고 울창한 숲을 뱀처럼 가로지르며, 서울의 한강을 향해 흘러간다. 일찍이 복잡한 도시 서울을 떠나 분당으로 이사 왔으니 이것만으로도 나에게는 커다란 행운이다. 게다가 아름다운 탄천변을 이웃하고 있는 정자동을 선택해 얼마나 기쁜지 모른다. 시쳇말로 '탁월한 선택'이다.

이곳으로 이사 왔던 50대 한창 때만 해도 탄천변에서 인생의 황혼을 맞겠다는 계획을 세우거나, 조금이라도 그런 생각을 가진 적이 없다. 그러나 언제부터인지 마지막 일과를 탄천의 냇물과 함께 하며, 매일 매일 성찰하고 반성하곤 했다. 성찰만으로 끝나지 않고 또 다시 밀려올 내일을 설계하고 희망으로 채우기도 했다. 그렇게 20년이 흐른 지금, 이제 노쇠해가는 심신을 추스르고 온갖 상념과 회한을 냇물에 띄워 보내며 삶의 의미에 여전히 천착하지만 그때나 지금이나 탄천은 내 마음을 아는지 모르는지 그저 말없이 유유히 흘러가기만 한다.

사실 탄천은 90년대부터 용인지역 난개발로 생활하수가 유입되고 공사장의 토사가 흘러들어 수질이 급속도로 악화되었기 때문에, 온갖 노폐물이 여과 없이 한강으로 흘러가는 냇물이었다. 시민의식의 결여로 쓰레기까지 가득해, 심한 악취가 풍기는 병든 탄천이었다. 그러나 20년이 흐른 지금 탄천도 많이 변했다. 대대적인 정화 사업으로 송사리 같은 물고기들이 살 만큼 맑고 깨끗하게 바뀌었다. 바닥까지 훤히 들여다보이는 맑은 물은 마치 산골짝을 흐르는 자연수처럼 깨끗해 보인다. 천변에는 온갖 새들이 날아들어 자연환경이 상당히 복구되었음을 실감하게 한다. 생태계가 그만큼 건강해졌다는 증거다. 가끔 기적을 보는 것 같아 탄천길을 걷다 발걸음을 멈추고 흐르는 물을 한참이나 바라보면 그 어느 때보다 기분이 상쾌해진다.

탄천의 밤 또한 생동감이 넘친다. 조명이 밝은 광장에서는 여성들이 모여 강사 구령에 맞춰 에어로빅을 하는 곳도 있다. 신나는 음악과 율동을 보노라면 저절로 어깨가 들썩인다. 체육 시설이 있는 한쪽에서는 깊어 가는 밤도 아랑곳하지 않고 바스켓에 농구공을 훌쩍 훌쩍 넘기는 청소년들의 모습은 얼마나 멋져 보이는지. 천변을 따라 이어진 자전거 도로와 산책로에는 늘 시민들로 북적인다. 이렇게 탄천 공원부지는 자연과 인공이 어우러져 멋진 조화를 이룬다. 자연과 사람이 어울리고 있는 건강한 천변은 도시의 휴식공간이며, 가히 낙원이라 해도 손색이 없다.

탄천의 흐르는 물은 한때 폐수를 실어 날았지만, 지금은 도시인의 스트레스와 긴장, 고민을 실어 나르고 있다. 하루의 쌓인 피로를 밤이 되면 탄천에 나가 풀어낸다. 그리고 내일을 준비하는 사람들에게 새로운 희망을 속삭이듯 큰 위안을 준다.

오늘도 말없이 흐르는 냇물을 따라 천변에 조성된 산책로를 걷는다. 이 길을 걷기 시작한지 10년도 지났다. 가슴을 활짝 펴고 바른 자세로 빠르게 걸어본다. 주말에는 배우자와 함께 탄천의 징검다리를 건너 성당으로 향한다. 탄천을 볼 때마다 깨닫는 게 있다. 산다는 건 별스런 게 아니다. 세상에 태어나서 평범하지만 분수를 지키면서 큰 잘못 없이, 또 선하게 살아가려 노력하면 되는 게 아니겠는가. 저 흐르는 탄천의 냇물처럼...

작은 공간의 큰 자유

41년간 운영하던 제조 회사를 정리하고 은퇴했다. 회사 경영을 다른 사람에게 인계(M&A)하고 아들 명의로 신규 법인을 만들었다. 기업을 운영하던 습관 때문에 그냥 집에 있을 수 없어 부동산 임대와 수출입업을 목적으로 세워 경영하기로 한 것이다. 회사의 기초가 다져질 때까지 아들 회사를 도울 겸 소일거리를 하게 됐다. 창업 당시에는 6.5평짜리 오피스텔 2개를 얻어 좁은 공간에서 경리직원과 함께 업무를 시작했다.

일반 사무실이 아닌 주거 환경이 갖춰진 공간이기에 처음에는 젊은 여직원과 좁은 공간에서 생활하기가 불편하고 어색하기만 했다. 그러나 적응하는 데는 그리 오래 걸리지 않았다. 유타워 오피스텔은 애초부터 작은 평수로 건립된 건물이라 두 개를 임차해 사용했다. 인원이라야 모두 네 사람뿐이었기에 두 사람씩 각각 나눠 사용하면서 큰 불편은 없었다.

50년 전 홀로 회사를 창업할 당시 건물 1층 계단 아래 작은 공간을 얻어 무료로 사용했던 것에 비하면 이곳은 맨션이라 할 만큼 넉넉한 공간이다. 비좁은 사무실 두 개를 사용한지 3년이 지나 근교에 또 다른 우미뉴브지식산업센터를 분양받았다. 상현역에서 5분 거리, 승용차도 25분 거리에 있어 비교적 교통이 편해 선택했다. 더구나 역세권으로 직원들의 출퇴근도 고려하면 시간과 비용 면에서 안성맞춤이었다. 오피스텔과 달리 주거시설이 갖춰져 있지 않은 사무실이지만, 11평 공간은 혼자 쓰기에 꽤 넓은 공간이었다. 아들은 옆 사무실에 직원 2명과 함께 사용하고 있으며, 나는 이제 업무 공간이 아닌 혼자만의 휴식과 개인 사무실 겸 생활 공간으로 활용할 수 있게 된 것이다.

공간 인테리어는 직접 설계했다. 하얀 서랍장과 책장이며 회의도 할 수 있는 6인용 하얀 탁자도 배치했다. 집무실은 둘로 나누어 안쪽에는 책상과 침대를 마련했다. 인테리어는 화려하기보다 실용적이며 스마트하게 배치해 은퇴자의 생활 공간으로는 안성맞춤이다. 친구들이 방문하면 잠시라도 편히 쉬었다 갈 수 있도록 준비했다. 친구들의 소식을 주고받는 정보 교환 장소로도 활용할 수 있지 않은가.

어떤 은퇴자들은 사무실을 바둑이나 장기를 두며, 화투놀이 장소로 사용하고 하는데 나는 친구뿐만 아니라 모두가 편히 만나는 아지트 장소로 활용할 생각이다. 개인적으로는 독서와 인터넷, 신문칼럼 필사, 수필과 에세이 글짓기 등 할 일이 많다. 특히 주말에는 혼자만의 공간으로써 사색과 음악을 들으며 글을 쓰거나 독서삼매경에 빠진다. 책상에 앉아 오랫동안 작업을 하다 피곤하면 잠깐 침대에 누워 쉬기도 한다. 음악과 책과 사색이 있는 이 공간을 사랑하지 않을 수 없다.

나이 들어 외로움이란 기우(杞憂)일 뿐이다. 홀로 있는 그 자체를 즐기며 사는 것도 참 좋다. 자신이 내뿜는 에너지를 적절히 조절하며 사는 것 또한 지혜롭게 사는 방법이 아닐까? 이 작은 공간은 대형 회장실에 비하면 초라할 수 있다. 그러나 행복의 크기는 비교할 수 없을 만큼 크다. 행복은 외형적인 공간이 아니라 마음의 공간에서 찾아오기 때문이다.

주례사 이야기

30대 후반이었다. 직원들 중에는 여러 가지 이유로 결혼식을 못하고 동거하는 경우도 꽤 많았다. 어느 날 40대 후반의 직원이 조심스럽게 사장실을 노크했다. 면담 신청 이유가 궁금했다. 어려운 부탁 말씀을 드리려 왔다며 망설임 끝에 '주례를 부탁드리러 왔다'고 말했다. 나보다 나이로는 연배인 직원이 어린 사장에게 부탁한 것이다. 멋쩍은 표정으로 되물었다.

"나보다 경험이 많은 선배인데 내가 어떻게 주례를 설 수 있나요?"

그러나 직원은 오히려 더 적극적이었다.

"사장님께서 주례를 서 주신다면 더 없는 영광입니다."

배우자와 일찍 만났지만 그동안 결혼식을 올릴 형편이 못되어 동거를 시작해 지금은 두 아이를 두었고 그중 큰 아이는 중학생이라고 털어놓았다. 부인에게 결혼식을 못 올려 늘 미안했는데 이번에는 부인의 소원을 꼭 풀어주고 싶다고 고백했다. 조촐하게 결혼식을 올리는 게 소원이라며 주례를 거듭 부탁했다.

"주례자를 마땅히 구하기도 어렵고 그렇다고 전문 주례자를 구하려니 비용도 많이 들어서 그렇습니다. 꼭 주례해 주세요."

직원의 딱한 사정을 듣고 차마 거절할 수가 없었다. 더구나 늦은 나이에 부인을 위해서 결혼식을 올리겠다는 뜻이 얼마나 가상스러운가. 결국 승낙하고 말았다. 그런데 막상 승낙하고 나자 고민이 이만저만이 아니었다. 우선 그간 경험해보지 못했기에 어떻게 해야 할지 고민되었다. 더구나 30대에 주례라니, 나이든 분들이 보면 얼마나 가당찮은 일이라 여기겠는가 말이다. 일반적으로 주례자는 사회 저명 인사나 목사님, 교수님, 단체장 등이 해야 어울리는데 나는 그저 작은 회사의 대표일 뿐 나로서는 적합하지 않다는 생각이 계속되었다. 그렇지 않은가. 주례자는 가장 모범적인 결혼 생활을 해야 하고 또 부부생활을 행복하게 해온 인생의 선배가 해야 온당하다. 하지만 직원의 딱한 사정을 고려해 15년 동안의 결혼생활을 되돌아보고 용기를 내기로 했다. 꼭 권위 있는 주례가 아니라 결혼식의 증인으로 생각하고 봉사하는 마음으로 준비했다.

처음에는 여러 하객 앞에서 주례자로 나서니 너무도 떨렸다. 이미 나보다 결혼 생활을 훨씬 더한 신랑 신부에게 무슨 말을 해야 할지 말문이 막하는 등, 아무튼 어색하기만 했다. 나이 먹은 신랑 신부도 떨고 젊은 주례자도 떨었으나 어쨌든 결혼식은 무사히 끝마쳤다. 주례 원고를 미리 준비해 간 덕분에 그나마 다행스러웠다. 결과적으로 어렵게 사는 직원을 위해 주례 봉사를 했던 것은 보람있는 일이었다. 그 후 직원들을 위한 주례는 계속 되었고 무려 30회 이상 주례자로 나섰다. 4년 전 집안 조카의 결혼 주례까지 하게 되었는데 하객 대부분이 친척들로 앞자리를 차지하고 있었다. 그런데 그 날은 왠일인지 특별히 더 긴장되었다. 대부분 잘 알고 있는 친인척 하객들인 만큼 주례를 어느 때보다 더 잘하여야 한다는 강박감이 몰려왔다.

시작과 동시에 신랑 신부를 소개하는데 한쪽 테이블에서 웃음소리가 들려 왔다. 순간 모두가 조용히 경청하는 분위기 속에서 웃는 소리가 들리는 것이 좀 이상했다. 신랑 신부 소개 과정에서 '신랑 * *군과 신부 * *양은 양가 부모님과 일가친척들을 모시고 결혼식을 거행하게 됐습니다.' 하는 부분에서 '신랑 * *와 신랑 * *'이라고 부른 모양이었다. 신부를 신랑이라 부른 것도 인식하지 못한 채 결혼식은 끝났다. 나중에 일부 하객들의 웃었던 이유를 아내로부터 전해 듣고 나서야 실수했음을 알게 됐다.

이래서 의사들이 자기 가족들의 수술은 직접 집도하지 않는다는 속설이 있는가 싶었다. 주례사는 너무도 훌륭했다는 호평을 들었지만 신부 소개를 제대로 못한 실수는 끔찍한 기억으로 남아 버렸다. 그 이후로 다시는 주례를 서지 않기로 했다. 내 일생에 마지막 주례는 2016년 10월 어느 가을날이었다.

내 인생의 마지막 주례사

신부 소개를 제대로 못한 실수를 끝으로 더 이상 주례를 하지 않고 있다. 2016년 10월 어느 가을날 내 일생의 마지막 주례사 내용을 회고해 본다.

희망이란 빛이 좀처럼 보이지 않아도, 가을은 황금물결을 타고 우리 곁에 성큼 다가왔습니다. 이 좋은 계절에 결실을 맺은 신랑 신부에게 '가을'이라는 시를 축시로 읊어 드리고자 합니다.

가을입니다.
해질녘 먼들 어스름이
내 눈안에 들어섰습니다.
윗녘 아랫녘 온 들녘이
모두 눈물겹습니다.
말로 글로 다할 수 없는

내 가슴 속의 눈물겨운 인정과
사랑의 정감들을
당신은 아시는지요.
해지는 풀섶에서
우는 풀벌레들 울음소리 따라
길이 살아나고
먼끝에서 살아나는
불빛이 찾았습니다.
내가 가고 해가 가고 꽃이 피는
작은 흙길에서
저녁 이슬들이 내 발등을 적시는
이 아름다운 가을 서정을
당신께 드립니다.

섬진강 시인 김용택은 '가을'이라는 시를 통해 가을을 아름답게 맞이했습니다. 높고 푸른 하늘에 온 산천이 오색단풍으로 물들어 갈 때 농부는 한 해 땀 흘려 노력해 왔던 대가로 수확을 만끽합니다. 참석하신 하객 여러분께서도 올 한 해 열심히 살아오신 대로 만족한 성과를 이루어 내시는 이 가을이 되었으면 좋겠습니다.

누구보다도 가장 풍성한 결실의 계절을 맞이한 사람은 오늘의 주인공인 신랑 신부입니다. 두 사람은 수년 전부터 쌓아왔던 신뢰에 기반해 오늘 성공적인 결실을 맺고 부부의 길에 들어섰습니다. 물론 양가 부모님들에게도 축복을 드립니다.

먼저 오늘의 주인공인 두 사람을 잠깐 소개를 드리겠습니다. 신랑 최 ** 군은 서울예고와 한국예술종합학교를 졸업한 후 IT기업인 찰라 브로스를 공동 설립한 성공적인 벤처 창업자로서 천성이 매우 착하고 성실합니다. 또 창의적 능력이 뛰어나 장래가 보장되고 한국경제의 미래를 대표할 수 있는 유망한 청년입니다.

신부 민 ** 양은 미국 일리노이주 스탁튼 고교를 졸업하고 동국대 경영학과를 졸업하여 현재 외국기업 에스티론 더 컴퍼니즈 코리아에서 주로 온라인 마케팅을 담당하고 있습니다. 훌륭한 부모님 아래 가정교육을 잘 받은 똑똑한 현대여성으로서 지적 소양을 갖춘 아름다운 규수입니다.

오늘 이 두 사람이 양가 부모님과 일가친지 여러분들을 모시고 사랑의 부부가 되겠다고 굳게 약속했습니다. 두 사람에게는 일생일대의 가장 중요하고 큰 사건입니다. 사람이 부모를 떠나 한 몸을 이룬다는 성경 말씀대로 두 사람이 하나가 되어 행복한 삶을 실천하며, 새로운 인생역사를 만들어 가는 일입니다.

불가에서는 옷깃만 스쳐도 인연이라고 합니다. 더구나 부부는 수백 생의 인연으로 만난다고 합니다. 인은 주관적 요인이며, 연은 객관적 요인을 말합니다. 내가 인이요 배우자가 연입니다. 두 손바닥이 마주쳐야 소리가 나는 것처럼 인과 연이 충실해야 열매(果)가 충실합니다. 배우자 덕 보려 말고 배우자가 내덕 보게 하려는 마음으로 서로를 대할 때 기쁨은 두 배가 되고 슬픔은 반감됩니다. 지혜롭고 행복한 결혼 생활을 위해서는 사랑과 애착이 다르다는 점을 알아야 합니다.

사람들은 흔히 사랑으로 포장된 애착에 머물러 있습니다. 에리히 프롬은 '진정한 사랑은 하나가 되면서도 둘로 남아있는 상태여야 한다'고 했습니다. 사랑은 자신의 영혼을 살찌우면서 동시에 상대도 성장시켜야 합니다. 그러므로 그는 사랑으로 행복해지려면 혼자 있을 수 있는 능력부터 키우라고 충고합니다. 내가 필요해서 상대를 사랑하는 것은 성숙하지 못한 정신이요 응석일 뿐이라고 했습니다.

사랑에는 보호와 책임이 뒤따릅니다. 꽃을 아낀다고 하면서도 물을 주지 않는 사람이 과연 꽃을 사랑한다고 할 수 있을까요? 상대의 성장에 대한 끊임없는 관심과 애정이야말로 사랑의 필요충분조건입니다. 결국 상대방을 구속하려드는 것은 애착이요, 상대방이 해탈하도록 돕는 것이 진정한 사랑입니다. 처음에는 부부간의 관심이 아름다운 구속이라고 생각하지만 갈수록 불편한 족쇄로 여겨질 수도 있습니다.

수십 년간 다른 환경과 처지에서 살아온 남녀가 만나, 함께 살아가면서 행복해질 확률은 높지 않을 수 있습니다. 다행히 어질고 착한 아내를 만나면 행복하겠지만, 그렇지 못할 경우에는 소크라테스의 교훈을 마음에 새기지 않고서야 어찌 결혼생활을 유지할 수 있겠습니까? 결혼은 새장 같은 것이지요. 안에 있는 새는 부질없이 나가려 하고 밖에 있는 새는 들어가려 애씁니다. 남의 떡을 부러워 말고 자신이 인생을 지혜롭게 살아가도록 노력한다면 성공적인 결혼생활은 보장됩니다.

끝으로 두 사람의 결혼을 축하해주시기 위해 참석해주신 내빈 여러분에게 양가 부모님을 대신하여 감사드립니다. 오늘 주인공 두 사람을 앞으로도 계속 지켜봐 주시고, 많은 사랑과 관심 주시길 부탁드리며 성서 고린도전서에 나오는 사랑의 메시지를 전하면서 마칠까 합니다.

'사랑은 참고 기다립니다. 사랑은 친절합니다. 사랑은 시기하지 않고, 뽐내지 않으며, 교만하지 않습니다. 사랑은 무례하지 않고, 자기이익을 추구하지 않으며 성을 내지 않고, 앙심을 품지 않습니다. 사랑은 불의를 기뻐하지 않고, 진실을 두고 함께 기뻐합니다. 사랑은 모든 것을 덮어 주고 모든 것을 믿으며, 모든 것을 바라고, 모든 것을 견디어 냅니다.'

사랑이 충만한, 행복한 결혼 생활을 이루어 가시길 진실로 바랍니다.

마음의 청소

청소의 사전적 의미는 '더럽거나 어지러운 것을 쓸고 닦아서 깨끗하게 하는 일'이다. 주말 오전 조금 늦은 시간이었다. 엘리베이터를 타고 아파트 로비 현관문을 나섰다. 아파트 일층 현관은 주민들을 비롯, 방문객들이 가장 먼저 통행하는 곳이기에 특별히 환경미화에 신경을 쓰는 장소다. 최근 들어 입구에는 소독제까지 사용하는 바람에 아무리 청소해도 눈 깜빡할 사이에 바닥은 금세 지저분하게 변한다. 그나마 환경미화원이 부지런히 닦아주는 덕분에 늘 청결한 분위기를 유지하고 있다. 전철 안도 언제나 깨끗하여 기분이 상쾌하다. 이 또한 미화원들이 노력한 결과가 아니겠는가. 지하철 역사를 빠져나오기까지 어느 한 곳

흠잡을 수 없이 깨끗하다.

8층 사무실에 들어가 먼저 창문을 열고 환기를 시켰다. 한쪽 벽면에만 창문이 있어 출근하면 습관처럼 환기부터 한다. 오늘은 나 역시 청소하는 날이다. 우선 보리차를 끓이기 위해 보리차 봉지를 넣고 포트에 물을 채워 넣은 다음 스위치를 누른다. 다음으로 컴퓨터를 켜고 밤사이 손님처럼 찾아온 메일을 읽고 성정문화재단에서 보내준 클래식 음악을 듣는다. 드보르작 교향곡 9번 '신세계로부터'를 감상하고 베토벤의 교향곡 5번 '운명'을 듣는다.

언제 들어도 웅장하고 아름다운 음악들이다. 교향곡을 감상하며 빗자루로 바닥 곳곳을 쓸기 시작하면 보이지 않았던 티끌이며 머리카락들이 모아진다. 혼자 사용하는 좁은 공간이라 먼지가 얼마나 되랴 싶지만 매주 청소할 때마다 먼지는 단골 손님처럼 빗자루에 걸리곤 한다.

나에게 '아침청소'란 이처럼 음악으로 마음의 묵은 때를 벗기고 바닥도 닦아내는 세계가 된다. 일주일 동안 쌓인 먼지가 이토록 많이 나올 줄이야. 빗자루를 들면 머리카락이며 옷가지에서 떨어진 불순물들이 언제나 한 웅큼씩 잡힌다. 혼자 쓰는 사무실에서 일주일 동안 이토록 많이 쌓이는 쓰레기들은 무엇을 의미할까? 어쩌면 내 마음 안에서도 한 주 동안 허영과 번뇌의 쓰레기들이 먼지처럼 쌓인다는 뜻은 아닐까? 빗자루 청소가 끝나면 걸레질이 시작된다. 지난 주 빨아놓은 걸레를 다시 물에 담가 청소기에 세팅을 하고 쓱쓱 밀어낸다. 빗자루로 포착하지 못했던 미세 먼지까지 깨끗이 제거할 수 있도록 힘껏 누르며 문질러 본다.

나이 들어 청소는 무리인 것 같지만 한 시간 동안 노동의 대가로는 충분히 만족할 만한 보상을 받는다. 조금만 힘을 써도 호흡이 가빠지지만 신성한 노동을 몸소 실천하는 느낌, 그리고 먼지와 묵은 쓰레기들을 깨끗이 닦아 내는 상쾌함은 무엇보다 값지게 느껴진다. 공간과 마음이 정화됨으로써 새로운 준비와 희망을 불러일으킨다. 옛말에 잠자리와 화장실을 보면 그 집과 주인의 성격을 알 수 있다고 했다. 자신만의 공간을 어떻게 정리하느냐에 따라 그 사람의 인격이 드러난다는 뜻이다. 무엇보다 내 마음의 청소도 중요하다. 음악의 선율을 들으면서 마음 깊은 곳에 더께처럼 묻어있는 번뇌의 자투리와 버리지 못했던 욕심의 찌꺼기들을 말끔히 털어낸다.

클래식 음악이 마음의 빗자루 되어 깊은 곳까지 쓸어주면 영혼은 어느새 청아한 구슬처럼 투명하게 정화된다. 음악이 우리의 영혼을 정화시켜 줄 뿐만 아니라 삶의 의미를 새롭게 해주기도 한다. 나이가 들수록 음악으로 마음의 청소를 자주하면 얼마나 좋은지 경험해본 사람은 안다. 그대도 해보시길...

4장

여행과 여가

연습은 거짓이 없다

36년 전 조그만 중소기업을 경영하면서 은행을 자주 들렀다. 당시에는 제조업이 그리 많지 않아 규모가 작은 기업이었지만 새로운 정책 자금을 받기 위해 은행에 자주 들르곤 했다. 따라서 지점장과의 만남이 잦으면서 자연스럽게 사적인 이야기도 나누었다. 당시 골프를 전혀 모르다가 골프 이야기를 처음 들었을 때 골프가 건강에도 도움이 될 뿐 아니라 사교에는 적당하다는 생각이 들었다. 특히 골프는 자연과 함께 하는 건전한 운동으로 라운딩하면서 비즈니스에 유익한 대화 시간을 가질 수 있기 때문에 인간적 교류와 접대에도 최적의 운동이라고 생각했다. 지점장은 만날 때마다 골프를 권했다. 당시만에도 골프는 특별한 자들이 즐기는 귀족운동으로 인식되었다. 골프 운동을 쉽게 결정할 수 없었다. 골프를 치기에는 나이 아직 어리다고 생각했고, 세인들의 눈을 의식하지 않을 수 없기에 더욱 망설였다.

3년 후 나이 37살에 이르러서야 처음으로 비밀리에 골프 연습장에 등록하고 드디어 연습을 시작했다. 서울 송파구에서 수원 시내를 거쳐 병점에 있는 회사까지 승용차로 족히 1시간은 걸렸다. 출퇴근 길목에 들렀던 골프장은 당시 수원에서 처음 생긴 초원골프장이었다. 동수원 호텔 옆에 있었다. 일도 열심히 했지만 운동 역시 단 한번도 빠지지 않고 열정적으로 연습하고 배워 나갔다. 당장 필드에 나가 실전에 도전할 생각은 없었으며 프로골퍼의 가르침에 따라 그저 연습장 골프에 전념했다. 봄부터 시작했던 골프 연습은 가을이 되자 골프 근육이 만들어지면서 제법 비거리도 많이 나갔다. 240m의 거리 표시를 간단히 넘기는 장타자의 면모를 발휘하기 시작할 무렵, 어느 날 월례회에 나가 실전을 경험해 보자는 프로의 제안에 따라 얼떨결에 참석하겠다고 답했다. 골프 연습을 시작한지 6개월이 지났을 즈음이었다.

월례회는 다음 주 수요일에 잡혀 있었다. 필드에 나간다는 호기심에 긴장되어 한 주 동안은 잠을 제대로 자지 못했던 것 같다. 다소 두렵기도 했다. 월례회가 가까워질수록 점점 더 흥분

되고 불안했다. 나처럼 젊은 나이에 과연 골프를 쳐도 될까? 지점장의 권장대로 건전하고 건강과 비즈니스에 유익한 것일까? 세인들이 알면 나를 어떻게 볼 것인가. 아직 머리에 피도 안 마른 녀석이 귀족이나 즐기는 황제운동을 따라 하다니! 자신의 '주제를 알아야지' 등 비난의 소리가 들리는 듯했다. 또 골프를 잘 칠 수 있을지 자신감도 부족했다.

드디어 월례회 날이 왔다. 일찌감치 용인 프라자 골프장으로 갔다. 골프장 클럽하우스는 화려했다. 친절한 직원의 안내에 따라 락커룸에서 골프복으로 갈아입고 스타트홀로 향했다. 20명이 5조로 4명씩 한 조가 되어 마지막 조 순서에 맞춰 티샷부터 시작했다. 다른 사람들의 경쾌한 스윙에 '나이스 샷' 소리가 여기저기서 흘러나오는 가운데 드디어 나의 순서가 되어 티 박스에 올라갔다. 과연 공이 연습장에서 치던 것처럼 잘 나갈 것인지 불안해 가슴이 두근두근 요동치기 시작했다.

드디어 내가 쳤던 공이 하늘 높이 날아 정확히 가운데 페어웨이에 떨어졌다. 모두가 깜짝 놀라며 '나이스 샷'을 외쳤다. 정말 필드에 처음 나온 사람이 맞나? 의심스러운 눈초리가 역력했다. 비기너(초보자)가 처음 시합에 나갈 때는 핸디 30(102타)으로 시작한다. 라운딩할 동안 18홀 내내 몸과 마음은 구름 위를 둥실둥실 떠다녔다. 공이 하늘을 가르는 사이 마지막홀을 파로 장식하며 생애 첫 성공적인 라운딩을 끝냈다.

5시간 동안 함께했던 플레이어들(동반자)에게 인사한 후 간단히 샤워하고 연회장에 참석했다. 연회와 함께 회장이 건네주는 시상식이 진행되었다. 행운상, 롱기스트(장타상)에 이어 우수상 수상이 거행되었다. 그런데 사회자의 톤은 점점 더 커지며 놀란 표정으로 '기적입니다.' 하고 소리를 질렀다. 어안이 벙벙한 채 그냥 지켜볼 뿐 상은 상상도 하지 못했다. 공을 치면서 18홀을 어떻게 지나 왔는지조차 생각나지 않았으며 내가 얼마나 잘 쳤는지 알 수 없기에 점수는 더더욱 신경을 쓰지 않았다.

"오늘 처음 참가하고 머리 올린 회원이 있습니다. 기준 핸디 30(102타) 무려 13언더를 친 민종기 회원입니다. 우리 월례회의 기록이며 처음 나와 13언더를 친 사람을 보지 못했습니다."

사회자의 멘트와 함께 시상식이 진행되었다. 박수 갈채를 받으며 우승패와 상품을 받았다. 사회자의 소감 요청에 단상에 섰다.

"오늘 이런 결과는 전혀 예측하지 못했습니다. 지난 6개월 동안 프로골퍼의 코치에 따라 그저 열심히 하루도 빠짐없이 연습했을 뿐입니다. 이 영광은 나를 지도해주신 프로님에게 전해드리며 진심으로 감사의 말씀을 드립니다."

지금 생각해도 믿기지 않는 사건이다. 이날 시상식에서 분명히 깨달은 점은 '연습은 결코 거짓이 없으며 배신하지 않는다'는 사실이다.

가장 아름다운 라운딩

골프는 다른 운동에 비해 혼자 하는 스포츠이지만 다른 스포츠와 달리 동반자와 함께 즐기며 라운딩을 한다. 기본적으로 18홀(파72)을 동반자와 함께 같이 돌며 즐기는 운동이지만 철저하게 룰에서 시작하여 룰로 마치는 특수한 스포츠이다. 일반적으로 4명이 한 조가 되어 순서를 정해 티샷을 한 후 매 홀 성적에 따라 정해지는 순서대로 우수한 자가 먼저 치게 된다. 매 홀을 지날 때마다 순서가 바뀌질 수 있기 때문에 한 샷 한 샷 집중하여 공을 치지 않으면 안 된다. 예민하고 경쟁심을 키우는 심리적 운동이라 할 수 있다.

특히 골프에서의 룰과 동반자와의 매너를 가장 우선적으로 지켜야 한다. 따라서 필드에서는 혼자서 묵묵히 공을 치는 운동으로써 고독하지만 양심적이고 강한 도덕성을 요구한다. 플레이하는 동안 절대 동반자에게 심리적 영향을 끼쳐서도 안 된다. 예를 들어 농담과 잡담을 하거나 볼터치를 해서도 안 된다. 동반자에게 심리적 압박을 주어 실수를 유발하게 하는 행위도 하지 말아야 한다.

골프는 자기 자신과의 싸움이라 할 정도로 양심을 요하는 특별한 운동이다. 예를 들어 공을 찾지 못했을 때, 혹은 OB 선상에 놓여있을 때 자신이 혼자 가서 판단해야 한다. 설령 판단이 잘못됐을 때도 동반자들을 속이고 자신의 양심마저 속이는 짓을 해서는 안 된다. 흔히 잃어버린 공이 나왔다든가, 선에 벗어난 공을 던져 구제하겠다고 하면 동반자는 확인할 수 없는 일이기에 심리적 영향을 받을 수도 있다. 아무도 보지 않았기 때문에 자기 양심을 속이고 구하려는 유혹은 누구나 갖는다.

또한 쉽게 칠 수 있도록 페어웨이에서도 디포트 자리나 잔디 속에 파묻혀 약간 가려져 있으면 살짝 잔디 위에 올려 치기 좋은 위치에 놓고 치고 싶은 유혹을 받는다. 동반자를 의식하지 않은 채 자신의 점수 관리만 생각하고 멋진 나이스샷을 치기 위해 발동하는 욕심이다. 나도 동반자가 볼 수 없는 위치에서 그런 유혹에 넘어간 적도 여러 번 있다.

골프는 룰과 매너의 신사적 운동이다. 동반자에게는 즐겁게 잘 칠 수 있도록 격려는 못해도 플레이에 지장을 주는 행위를 하지 않도록 각별히 주의해야 한다. 매너와 신사적 운동이 룰을 지키지 않으면 가장 더티한, 수준 이하의 운동으로 전락한다.

오랫동안 골프를 쳤던 사람으로서 지금도 골프의 룰을 지키기 위해 양심과 자신을 시험대에 올려놓고 운동하게 된다. 20년 동안 함께 운동을 해왔던 친구 네 사람은 매달 셋째주 수요일을 기해 서울 근교 가까운 곳에서 함께 라운딩을 즐긴다. 네 명의 핸디캡에 따라 돈을 모아서 캐디피 내기 골프시합을 한다. 매 홀마다 가장 우수한 자에게 상금을 주는 방식이다. 이 시합은 우선 OK의 남발을 막고 룰을 지키며 좀 더 각자 신중한 플레이를 하기 위한 목적이다.

몇달 전 수요일 우리는 또 만나 라운딩 하기 위해 모였다. 점심을 먼저 먹고 다 같이 시간에 맞춰 1홀 스타트홀에 나와 오늘의 시합룰을 정하면서 완전 노 터치 플레이를 하기로 약속했다. 평소에 우리 넷은 내세적으로 룰에 맞춰 운동을 하는 편이지만 성격에 따라 조금씩 다른 면도 갖고 있다.

이들 중 핸디가 가장 높은 친구는 스코어는 네 번째이지만 골프 매너는 단연 첫 번째이다. 노 터치는 물론 설상 0B 선상이거나 장애물이 앞에 놓여 있어도 절대로 공을 건드리지 않고 레이아웃시켜 한 타를 더하는 플레이를 한다. 나와 또 다른 친구는 비교적 룰은 지키나 간혹 터치를 하는 경우가 있었다. 또 마지막 친구는 다소 습관적으로 공을 움직이는 경우가 종종 눈에 띈다. 나는 이제부터는 정말 노 터치 플레이를 하기로 정했다.

겨울에는 잔디상태가 좋지 않아 공의 위치가 정상이 아니기 때문에 터치하기 쉽다. 그러나 여름철에는 잔디가 무성하여 플레이하기에 가장 좋은 컨디션을 갖추게 된다. 따라서 공을 만지지 않더라도 잘 칠 수 있는 위치에 놓인다. 운동에 전혀 지장을 주지 않는다는 것을 알고 있기 때문에 매너 있는 플레이를 시작할 수 있다. 네 사람은 누구 할 것 없이 원칙대로 룰을 지키며 18홀의 즐거운 라운딩을 했다.

스코어 점수는 다른 달에 비해 만족치 못했으나 우리는 완전히 룰대로 해낸 것에 만족하고 기분좋은 라운딩을 마쳤다. 우리는 서로를 격려하고 찬사를 보냈다. 우정의 룰을 지키며 친구와 함께 하는 골프야말로 세상에서 가장 아름다운 라운딩이 아니겠는가. 가까운 친구일수록 배려하고 매너를 갖추는 게 가장 아름답다는 것을 골프에서도 깨닫는다.

전통 보존의 정신

6박 7일 일정으로 일본 신칸센 기차 여행을 했다. 마침 아내가 칠순을 맞이했기에 모처럼 일본 전국을 둘러보기로 했다. 가고시마는 일본의 최남단에 위치하여 서울보다는 계절적으로 약 1.5 개월 빠른 지역이다. 4월 중순이라 하지만 우리나라로 따지면 5월 말쯤 된다. 때문에 아름다운 벚꽃과 개나리, 진달래 등 화사한 봄꽃들이 이미 휩쓸고 지나간 한참 후였다.

녹음으로 채워진 산야와 들판은 이미 여름을 준비하고 있었다. 모내기가 시작된 들녘은 우리나라 전경과 다를 바 없었다. 마치 고향산천의 풍경 같아 정겨웠다. 가고시마 공항에서 빠져나와 간단한 점심 식사를 끝낸 우리는 이브스키 온천장을 향해

JR열차를 이용했다. 일본 열도 기차 여행이 시작된 것이다. JR열차는 간선 열차로 일본에서 가장 느린 완행열차다. 50년 전 우리나라 상무열차보다 훨씬 낡은 협객열차다. 승객들이 지방 학생들과 출퇴근하는 샐러리맨들이 주를 이루는 서민 대중교통 수단이다.

속도를 내지 않고 느리게 달리는 데도 기차는 온 몸이 흔들릴 정도로 요동치고 잡음도 심했다. 하지만 망망하게 펼쳐진 파란 바다를 끼고 달리다 보면 50년 전 추억여행을 떠난 것처럼 낭만적이었다. 그동안 사업차 일본을 오고가긴 했지만 아내와 함께하는 여행은 행복했다. 여유를 갖고 찾아온 일본 여행이기에 더욱 행복했다. 덜컹거리는 삼등열차에서 내린 후 온천장에서 보내준 미니버스를 타고 이브스키 온천장에 도착해 뜨끈한 온천에 몸을 풀었다. 오랜 역사와 전통을 가진 이 온천은 대단히 큰 규모를 자랑한다. 아침 새벽부터 서둘러 출발해 이곳까지 오는 동안 벌써 하루가 지나갔다. 서산의 해가 기울기 시작할 무렵, 온천물에 몸을 담그자 피로가 온천 속에 다 녹아버리는 듯 싶었다.

대체적으로 일본 온천들은 수백 년의 역사를 자랑한다. 그 숱한 세월이 흘러도 조금도 마르거나 변하지 않고 여전히 온천의 기능을 유지하고 있다는 게 놀랍다. 어떻게 관리하면 저렇게 오래토록 깨끗하게 유지할 수 있을까? 섬나라 일본 전역에 걸쳐 지금도 많은 산들이 휴화산, 활화산 상태이기에 어찌 보면 일본 열도가 전부 온천 지대라고 해도 과언은 아니겠지만 그에 못지 않게 전통을 유지하고 환경을 깨끗하게 유지하려는 일본 국민들의 근면성 때문이리라. 온천탕 안에는 우리나라의 때 타월 같은 작은 수건만 있을 뿐 일반 큰 타월은 비치해두지 않는다. 큰 타월은 각자가 준비해온다. 타월의 지나친 낭비를 없애고 꼭 필요한 것만 제공하려는 의도로 보인다. 낭비를 막고 환경을 고려한 목욕 문화라 할 수 있다. 우리나라 목욕 문화도 이제 환경을 보호하고 낭비를 막는 방법을 고려해야 할 때다.

어느 분야에서나 수백 년의 역사를 유지한다는 것은 대단한 일이다. 온천탕 하나에도 일본의 장인 정신과 전통을 유지하려는 치열한 노력을 느꼈다. 법고창신(法古創新)이라는 말이 있다. 옛것을 지키되 새로운 세계를 창조하는 것. 아내를 위한 일본 여행에서 깨달은 점이다.

일본인의 배려 의식

며칠 전 일본 기차 여행을 마치고 돌아왔다. 일본은 기후 환경이 우리와 크게 다르지 않아 낯설지 않은데다 고춧가루 음식을 꺼려하는 나로서는 일본 요리들이 오히려 입에 맞기도 했다. 두 나라는 근대에 전쟁을 치른 면에서 비슷하다. 일본은 2차 대전을 일으킨 당사자이지만 패전 후 전후 복구는 미국의 지원 하에 세계인들이 놀랄 정도로 빠르게 회복했다. 지금은 명실공히 세계 2위 경제대국으로 우뚝 서 있다. 한국 또한 북한 남침으로 인해 3년 동안 6.25 동족상잔의 비극을 거치면서 온 국토가 폐허로 변했지만 역시 미국의 지원으로 빠른 복구와 경제 발전에 힘쓴 결과 세계 11위에 달하는 경제 부국이 됐다.

이런 점에서 두 나라는 자본주의 시장경제를 지향해 미국 민주주의를 표방한 선진 경제 대국이 되지 않았나 싶다. 다만 다른 것이 있다면 일본은 우리보다 앞서 개발되어 경제적으로도 부강한 선진국이면서도 국민들의 의식 구조 또한 선진국 수준으로 발전하고 있다는 점이다. 일본인들의 질서 의식은 놀랍고 감탄스럽다. 무엇보다 남에 대한 배려를 중시하고 스스로 법의 테두리 안에서 살아가고 있다. 타인을 존중하고 사회 질서 의식이 뚜렷해 어디 가서도 눈살을 찌푸리는 일을 찾아볼 수 없다.

외부와의 접촉은 물론 보이지 않는 곳에서도 질서를 잘 지킨다. 차를 타거나 거리를 걸을 때 누구도 타인에게 불편을 주거나 방해하는 일이 없다. 음식점에 들어갔을 때도 친절하다. 조금도 기분 상하게 하는 일이 없다. 철저한 직업의식을 갖고 자신의 역할이 무엇인지 명확히 알고 원칙에 따라 행동했다. 교복을 입은 채 시속 20~30km로 달리는 느린 전차를 이용하는 학생들, 규정 속도로만 달리는 버스 운전기사들, 플랫폼에 일렬로 줄을 서서 차례대로 기차에 오르는 시민들, 들어오는 기차를 향해 90도 고개를 숙이며 인사하는 미화원들의 모습 등은 감동적이다.

우리와는 달리 일본인들은 정치에는 별 관심이 없는 것 같다. 알고 보면 그 역시 그들의 직업의식 때문이다. 다른 사람의 직업에 관심 쓸 필요도 없고 지나친 관심은 남의 영역, 즉 선을 넘는 것이라 생각하는 까닭이다. 정치하는 사람들을 의심하기보다는 하나의 직업인으로서 그들을 신뢰하는 성향이 강하다. 나랏일은 그들이 잘할 것이며 국가와 국민을 위해 열심히 일한다고 믿는다. 동서양을 막론하고 일본은 선진국이며 리더의 나라임에는 분명하다. 경제 부국이기 때문에 리더라고 말하는 게 아니다. 그보다는 일본 국민들의 의식구조를 높이 평가하기 때문이다. 인본주의 사고로 절대 남에게 피해를 주거나 불편을 끼치는 일이 없어야 한다는 사고가 몸에 배어 있다.

며칠 전이다. 일요일 오전 승용차를 타고 지하 주차장을 빠져나와 정문 쪽으로 향하는 길이었다. 단지 내 청소년 회관 옆 횡단보도를 막 지나가는데 누군가 차마 입에 담지 못할 심한 욕설을 내뱉었다.

"야 개**야, 사람이 지나가려 하는데 차를 세워야 할 게 아니야."

왠 날벼락인가 싶어 정신이 아뜩했다. 화가 치밀어 올라 즉시 차를 세우고 내렸다. 40대 후반의 젊은 부부가 단지 내 횡단보도를 막 건너려는 참에 내 승용차가 지나갔던 모양이다. 그러나 차와는 상당한 거리가 있었기에 차를 멈추지 않고 서서히 지나가자, 욕설을 내뱉은 것이었다. 하늘 아래 이런 일이 있을 수 있나 할 만큼 어처구니없는 대거리요 시빗거리였다. 사실 관계를 따져 봐도 특별히 잘못된 일이 아니었다. 두 사람이 지나갈 때까지 차를 멈추고 있어야 한다는 것인데 운전자는 보행자가 건너도록 미리 세심한 배려를 하면 되는 문제였다. 운전은 안전이 최우선이고 남에게 피해를 주지 않도록 하되 신호등이 없는 아파트 단지 내 횡단보도는 안전하게 운전하면 된다.

나는 신분을 밝히며 당신이 위험한 상황도 아니고 이제 막 건너려 해서 그냥 간 것일 뿐, 크게 잘못된 일이 아니라고 설명했다.

"더구나 젊은 당신과 나이 차가 많은 70대에게 그런 식으로 욕설을 해서 되겠는가? 무자비한 깡패도 아닌데 아파트 주민끼리 함부로 하는 것이 예의가 아니지 않은가!"

그렇게 타일렀으나 그는 이야기를 끝까지 듣지 않고 되려 '형편없는 새끼'라고 내뱉으며 가 버렸다. 나는 직접 운전할 때에도 비교적 교통질서를 잘 지키기 위해 노력해 왔다. 평소에는 기사가 운전을 하는데 남이 지키지 않는 교통질서를 우리라도 정확하게 지켜 나가자며 단도리하곤 한다. 차가 잘 다니지 않은 길이니 저녁 늦은 시간도 신호는 꼭 지키도록 교육시켜 왔으니 나 또한 그렇게 고직하게 운전을 한다. 저녁 조깅도 반드시 우측통행으로 선을 지키고 전철에서는 사람들이 내린 다음에 승차하곤 한다.

그런데 이런 일을 당하고서 얼마나 분통이 터졌는지 모른다. 그 젊은 사람은 왜 그토록 화를 냈을까? 생각해보면 답이 없는 것은 아니다. 무질서에 대한 피해 의식이 강하기 때문이다. 본인도 무질서하게 운전하기 때문에 운전대만 잡으면 타인들도 그렇게 함부로 운전할 것이라는 피해 의식이다. 사실 우리나라 사람들 중 많은 이들이 질서 의식이 없다. 전철만 보아도 알 수 있다. 하차한 후에 승차해야 하지만 문이 열리면 무조건 양옆으로, 때로는 가운데로 파고든다. 중국 사람들과 별반 차이가 없는 무질서의 행태를 보이는 것이다. 일본을 부러워하는 것은 그들의 경제 능력이 아니라 질서 의식과 선을 지키며 살아가는 신사적인 모습 때문이다. 일본인들에게서 배울 것은 배워야 한다.

아프리카의 추억

25년 전 오래된 거래처 리막사의 초청으로 아프리카를 여행했다. 그동안 일벌레로 살아온 나로서는 아이들과 함께 외국 여행 한번 하지 못했다. 가장으로써 늘 미안하고 안타까웠는데 모처럼 시간을 내어 비즈니스와 연관된 여행을 하게 된 것이다. 아프리카 여행은 난생 처음이었기에 기대와 호기심이 가득했다. 특히 세계에서 가장 많은 야생 동물이 살고 있는 곳이 아프리카가 아닌가.

우리 가족을 초청한 리막사는 우리 회사가 니켈 마그네슘 등을 수입하고 있는 철강 회사다. 이 회사가 소재한 남아프리카 최대도시 요하네스버그(Johannesburg)까지 국내 직항로가 없어 싱

가포르 항공기로 환승한 후 우리 일행은 요하네스버그에 도착했다. 리막사의 싱클러 대표는 공항에 직접 마중을 나와 우리 가족을 반갑게 맞이했다. 미니버스를 타고 숙소로 가는 동안 창밖에 비친 시내의 모습은 여느 도시와 특별히 다를 게 없었다. 대부분 백인들이었으며 흑인들은 간혹 보일 뿐이었다. 머릿속에 그려지던 오지의 아프리카가 아니었다.

이번 여행은 우리 가족과 함께 역시 리막사의 거래처인 독일과 스페인 부부로 동반 여행하는 것으로 우선 요한네스버그에서 2박을 한 후 시작하기로 했다. 케이프타운을 거쳐 짐바브로 들어가 그곳 잠베지 강변에 있는 사장의 별장에서 나머지 시간을 보내기로 했다.

여행은 둘째 날부터 시작되었다. 우선 회사와 공장을 방문했다. 니켈과 마그네슘을 합금하여 '괴'로 만든 공정을 자세한 설명을 들으며 우리가 수입하는 제품이 어떻게 만들어지는지 확인할 수 있었다. 양질의 품질을 제작하는 공정을 직접 눈으로 확인할 수 있도록 배려한 것이다.

놀랍게도 직원은 대부분 흑인들이었는데 국내 근로자 임금 대비 훨씬 적은 급료를 받고 있었다. 이 점에서 유럽의 여타 제품보다 경쟁력이 있는 것 같았다. 하지만 작업 환경은 열악해보였다. 영국의 식민지 시절의 그림자가 그대로 남아 있었다. 유럽 대부분의 나라들이 아프리카 대륙을 지배하면서 인력뿐만 아니라 금을 비롯한 여러 가지 귀금속을 채굴하여 국가의 부를 축적했다. 아직도 공장 곳곳에서는 200, 300년 전의 유럽 역사를 상상하게 하는 요소들이 많이 남아 있었다. 부러움보다는 역사의 흔적에 대한 씁쓸함이 강하게 와 닿았다.

오후에는 남아공 출신의 세계적인 프로골퍼 어니엘스가 자랑하는 세계 10대 골프장 게리 플레이어 골프장을 찾았다. 네 사람이 골프 라운딩을 했다. 유럽의 골프 문화는 우리와 사뭇 다른 점이 있었다. 아마추어 골퍼들이지만 독일 스페인 영국 한국인들이 서로를 존중하며 국제 플레이를 즐겼다. 룰은 엄격했다. 그린에서 OK는 허용되지 않았는데 지금까지 즐겼던 골프 중 가장 국제적인 골프 라운딩이 된 셈이다.

게리 플레이어 골프장은 세계 100대 명소에 들어갈 만큼 아름답고 환상적이었다. 잭 니콜라우스와 함께 남아공 출신의 세계적 프로골퍼 게리 플레이어가 직접 설계, 자기 이름을 붙인 남아공 최고의 골프장이다. 영원히 남을 뜻깊은 4개국의 국제 라운딩을 즐긴 것이다.

그 다음날 우리 일행은 케이프타운의 테이블마운틴에 올라갔다. 지형이 테이블처럼 생겼다 하여 테이블 마운틴이라 불린다. 1,085m 고지에서 내려다본 전경은 가히 장관이었다. 저 멀리 인도양과 대서양이 만나 한눈에 두 대양을 동시에 볼 수 있었다.

또 다른 방향에는 케이프타운 시가지 전경이 펼쳐졌다.

하늘에는 하얀 구름이 적당히 수놓으며 둥실둥실 떠있는 모습은 그야말로 장관의 파노라마였다. 우리는 다시 해안선을 따라 굽이굽이 휘어진 도로를 타고 희망봉으로 향했다. 희망봉은 1448년 포르투갈인 바르톨로베오 디아스가 처음 발견하였으며 당시에는 폭풍의 곶으로 불렸다. 그 후 1497년 바스코 다 가마가 이 곶을 통과해 인도로 가는 항로를 개척했다.

포르투갈 왕 주앙 2세는 이 사실을 기념해 '카부 다 보아 에스페란사'(희망이 곶)라고 개칭했다. 이로써 유럽인이 세계를 지배하는 최초 전진 기지가 된 것이다. 케이프타운은 남쪽 48km 지점에 위치해 있으며 1865년에야 등대가 세워졌다.

케이프타운 관광을 마치고 다음날 짐바브웨 빅토리아 폭포로 향했다. 빅토리아 호텔에 여장을 풀고 저녁 만찬을 즐겼다. 이곳 짐바브웨는 정치적 불안과 경제 악화로 세계에서 가장 환율이 불안한 곳이지만 빅토리아 호수 덕분으로 여행객들은 줄지 않는단다.

빅토리아 호수의 폭포는 아프리카 남부 잠비아와 짐바브웨의 국경을 가르며 인도양으로 흘러가는 잠베지강 중류에 있어며 폭 1,676미터와 최대 낙폭 108미터로 세계에서 가장 긴 폭포로 기록돼 있다. 영국의 탐험대 데이비드 리빙스턴이 발견, 영국 여왕 빅토리아 이름을 따서 빅토리아 폭포라고 명명했다.

오전에 우리 일행들은 2km에 가까운 긴 폭포의 비경을 황홀하게 감상했다. 100미터 이상의 거대한 물줄기가 낭떠러지로 쏟아지며 물보라를 일으켰다. 형언할 수 없는 아름다운 비경이다. 가까이 다가갈수록 물 폭탄이 떨어지는 굉음은 가히 공포에 가까웠다.

폭포 옆길을 한참 걷다 보니 멧돼지들이 사람들을 피하지 않고 접근해오기도 하지만 우리나라 멧돼지들과는 달리 공격할 기미가 없었다. 척박한 땅 아프리카라지만 이곳은 푸른 풀들과 나무로 울창하기만 하다. 새소리의 작은 노랫소리와 거대한 폭포소리가 서로 어울리는 조화의 세계! 게다가 한 번도 보지 못한 희귀한 동식물은 어찌 그리 많은지, 빅토리아 폭포는 만물이 어울린 낙원 같은 곳이다. 지구의 역사를 안고 도도히 흐르는 물줄기의 힘을 느꼈다.

다음날 다시 별장 휴양지로 향했다. 약 두 시간 가량 차를 타고 비포장도로를 따라 이동하였다. 곳곳에 원숭이 떼들이 차량을 향해 연방 손을 내밀었다. 사람들이 음식을 주곤 했던 모양이다. 그게 습관이 되어 먹을 것을 요구하고 있는 것이다. 원주민들도 때때로 작은 목각인형을 들고 호객행위를 했다. 또 어떤 이들은 땅바닥에 등을 깔고 누운 채 꼼짝하지 않고 눈만 껌벅거렸다. 몇 십리 간격으로 작은 교회들이 여기저기 눈에 띄는 가운데 어린 아이들은 염소 떼를 몰고 길을 재촉하는 모습도 들어온다.

참으로 척박한 이 아프리카, 그것도 가장 가난한 짐바브웨. 지도자들을 잘못 만나 대다수 국민들이 가난에서 벗어나지 못한 실정이었다. 인간으로 태어나 짐승처럼 생활하는 모습에 하늘 아래 이런 곳도 있나 싶어 가슴이 저미어왔다. 오지에 사는 사람들은 헛간에서 염소들과 숙식을 같이 할 정도로 가난했다.

드디어 마지막 정착지인 별장에 도착했다. 여기저기 움막을 만들어 침대와 시원한 샤워장이 갖춰진 야외 휴양지로 크게 불편함이 없었다. 식사는 현지식과 서양식이 곁들어진 특별한 요리로 맛있기보다 추억을 위해 경험할 만한 음식들이었다. 휴양지 옆으로 잠베지강이 흐른다. 강에는 작은 악어들이 옹기종기 몰려 몸을 말리면서 낮잠을 즐겼다. 강물 한가운데에는 하마 가족이 휴식을 취하듯 연신 하품을 한다.

저 멀리 강가 소나무 가지에는 물수리가 강물을 향해 두 눈을 번쩍이고 고기를 쫓고 있었다. 잠비아와 짐바브웨 국경을 가르는 이 잠베지강은 그저 도도히 흘러갈 뿐 말이 없다. 두 나라를 아우르는 젖줄이 되어 인간의 삶에 큰 영향을 주고 있건만 수천 년이 흐르면서도 인간은 강물의 사랑을 외면하고 있다. 인간 역시 동물과 비슷하게 살아가는 모습들에 안타까울 뿐이다.

관리인은 야생동물 서식지를 보여주겠다며 보트에 태웠다. 한참 동안 흐르는 물줄기를 타고 어느 어귀에 도착했다. 코끼리와 원숭이, 사슴들과 함께 오래 묵은 고목들이 신기한 자태를 보이고 있었다. 수천 년 세월 동안 제 자리를 지키며 성장해왔을 고목들은 우리 가족 모두가 팔을 뻗어 감아보아도 손끝이 닿지 않을 정도로 거대했다.

아프리카는 태고의 자연 박물관이었다. 짐바브웨에서 희귀한 동식물을 직접 보고 만지며 지구의 역사를 온몸으로 느낄 수 있었다. 아이들도 좋아했다. 한참 지나 관리인의 안내로 다시 숲을 빠져나와 짐베지강을 거슬러 숙소로 돌아왔다.

마지막 날 저녁이 되자 이번에는 아프리카 원주민 초청으로 원주민이 사는 집으로 초대를 받았다. 특별한 경험이다. 움막집이 아닌 그런대로 주거 시설이 갖춰진 주택이었다. 닭과 염소들을 키우며 원주민으로서는 꽤 잘 사는 편에 해당되는 듯 싶었다. 집에 전기는 들어오지 않고 작은 횃불을 밝히며 우리 일행을 맞았다. 닭들은 나뭇가지 위에 올라 잠자리를 마련하려는 듯 제각각 자리를 잡았다.

문제는 식사시간이었다. 새까맣게 찌그러진 냄비에 죽과 고기 요리가 담겨 나왔다. 각자 일정량을 떠서 먹는데 내 입맛에는 도저히 맞지 않았다. 비위가 몹시 상해 토할 것 같았으나 특별한 체험이라는 마음을 먹고 참고 또 참았다. 미칠 것만 같았다. 이 역시 추억이라면 추억이랄까? 어쨌든 그렇게 피날레를 장식하고 숙소로 향했다.

여행을 갈 때마다 느끼는 일이다. 세계는 넓다지만 돌아보면 사람 사는 모양새가 비슷하다. 부자 국가라고 부러워할 것도 없고 모두가 부자가 아니지 않은가. 우리나라 역시 남부러울 것 없는 국가다. 우리나라만큼 좋은 나라가 어디 있으랴. 이제 우리 조국 대한민국으로 떠난다. 아프리카여, 안녕!

남아프리카의 3개 수도

남아프리카 공화국은 17세기에 네덜란드 백인들이 대거 이주해 오면서 1815년 영국의 식민지가 되었고 처절한 투쟁 끝에 독립, 1961년 5월 남아프리카 공화국을 선언했다. 현재 인구는 약 6천만이며 흑인이 79% 백인 12% 기타 황색 인종으로 분포되어 있다.

남아프리카 공화국은 독특하게도 3개의 수도가 있다. 삼권 분립처럼 3개로 분리돼 있는데 행정 수도는 프리토리아(Pretoria), 입법 수도는 케이프타운(Cape Town), 사법 수도는 블룸폰테인(Bloemfontein)이다.

이중 케이프타운은 남아공화국 최고의 무역항으로 아프리카 최남단에 위치해 있다. 면적은 300평방km이며 유럽 식민지의 최초 기지, 아프리카에서 가장 오래된 도시이기도 하다. 넬슨 만델라 전 대통령은 이곳에서 오랜 옥살이를 했다.

또 포도주 생산지로도 유명하다. 남아공은 세계 포도주 생산량으로 볼 때 아홉 번째를 차지한다. 1650년 네덜란드 지배 후 프랑스 사람들이 정착하면서 포도주 생산이 시작됐다. 포도주 제조 기술이 뛰어난 위그노 망명자들이 본격적으로 포도주 생산에 뛰어듦으로써 품질 좋은 포도주가 본격적으로 생산되었다.

클래식 음악과의 만남

학창 시절에는 주로 가곡과 가요를 즐겨 들었다. 가곡은 음악 시간에 교과 과목으로 배웠다. 우리 시절에는 '가고파', '봉선화', '사월의 노래' 등 우리 가곡이 교과서에 실렸고 외국 민요로는 '아 목동아', '피리 부는 소년' 등을 노래했다. 음악 시간이 되면 노래를 부를 수 있다는 기대감에 수업을 시작하기 전부터 행복했다. 풍금 반주에 따라 선생님이 선창하면 우리들은 신나게 목청을 돋아 노래했다. 수업은 어찌 그리 일찍 끝나는지 금세 종료 벨이 울렸다. 특히 거구의 신체에서 뿜어 나오는 선생님의 우렁찬 바리톤의 음성은 지금도 생생하다. 당시 유행 가요로는 '고향무정', '울고 넘는 박달재', '하숙생', '고향역', '너와 나의 고향', '가슴 아프게' 등으로 많은 가요들이 쏟아져 나오기 시작했다. 히트곡이 방송에서 흘러나오면 너나 할 것 없이 곧잘 따라 부르곤 했다. 50~60년이 지난 지금도 당시 유행했던 곡들과 가사들을 그대로 따라 부를 수 있을 만큼 열심히 불렀다.

한편 클래식 음악은 거의 접하지 못하고 시험 준비를 위해 베토벤을 비롯한 유명한 작곡가들의 이력과 약력만 암기했을 뿐이었고 가끔 '월광 소나타'만을 선생님께서 들려주셨다. 사회에 진출하면서 클래식 음악이라는 용어조차도 잊은 채 일에 집중하며 지냈다. 회사를 경영하던 중 거래 은행에서 추천한 클래식 아카데미에 참석하면서 뒤늦게 클래식 세계를 접하게 되었다. 경제활동을 하는 동안 다양한 교육은 받았지만 주로 경영에 관한 커리큘럼이 대부분이었다. 어쩌다 건강과 인문학에 관한 교육이 있었지만 지극히 미미했다.

클래식음악은 주로 음악 전공자들이나 특별한 사람만의 전유물로 여겼기 때문에 큰 관심이 없었다. 즉 외국 유학 경험이나 유럽 생활을 맛본 수준 높은 사람들이 즐기는 음악으로 알고 있었다. 어쨌든 거래 은행에서 추천한 덕분에 참여한 것이다. 은행 측은 주요 고객들을 초대해 5개월 과정으로 클래식곡 해설을 곁들여 실제 연주자가 연주하는 형식으로 진행했다. 처음에는 을지로 입구에서 시작해 나중에는 여의도 대투증권 3층 공연장에서 격주마다 두 시간씩 펼쳐졌다. 그때 배운 클래식 지식은 지금도 기억한다. 새로운 세계에 대한 동경과 관심이 그만큼 컸던 탓이다.

클래식 아카데미 수업에 처음 참석했을 때는 매우 어색했고 과연 이해할 수 있을까 하고 걱정되었다. 50여 명의 수강생 대부분이 여성들이었고 남성은 나를 포함한 서너 명에 불과했다. 잘못 참석했다는 생각도 들었지만 이왕 왔으니 두 시간 동안 꾸욱 참고 수강하기로 했다. 수업이 시작됐고 환영 인사와 함께 진행자(감독)의 해설로 작곡가 인물과 작곡 배경을 배워나갔다. 이어 앞서 설명한 내용을 접목시키며 조용히 음악을 감상하면 되었다. 중간 15분의 인터미션 동안 참석한 분들과 인사를 나누며 감상내용을 나누고 나머지 한 시간도 첫 시간과 마찬가지로 20여 분 동안 해설을 들은 후 연주를 듣고 수업을 마치는 형식이었다.

그런데 걱정했던 것만큼 클래식이 어렵거나 낯설지 않았다. 연주가 계속되는 동안 조용히 눈을 감고 음악 감상에 젖으면 잠시나마 일상에서 벗어나 편안했다. 25시까지 바삐 살아가는 비즈니스맨들에게는 잠시 머리를 비우고 영혼 속에 침잠하는 시간이었다. 클래식 음악은 과중한 업무에 대한 스트레스로 힘들 때, 마치 맑은 산소를 들이마시는 효과를 거둘 수 있었다. 클래식은 가곡이나 유행가처럼 따라 부르기는 어렵지만 음악의 선율에 영혼을 채워나갔다. 아울러 고통이든 사랑이든 작곡자가 전하는 메시지를 느끼기도 하고 애달프고 슬픈 감정을 토하는 선율에서는 작곡자와의 교감을 나누는 듯한 착각을 하기도 했다.

나중에는 아내와 함께 공연장을 찾았다. 그간 아내와 함께 하는 취미생활을 찾기 어려웠지만 공연을 자주 감상하면서 동행하는 일이 잦아지고 자연스럽게 평소보다 많은 이야기를 나눌 수 있었다. 아내를 이해하는 대화를 많이 하면서 가정의 분위기도 이전보다 훨씬 나아졌다. 정서적으로 안정감도 주었다. 코로나로 온 나라가 서로의 사이를 벌이게 하지만, 그런 사회 분위기 속에서도 오늘도 나는 클래식 아카데미에 참석하기 위해 한남동 일신홀로 달려간다.

10년 이상 다녔지만 사실 음악에 대한 큰 지식을 만족할 만큼, 또는 다른 사람들에게 설명을 줄줄이 할 만큼 쌓지는 못했다. 나이 탓인지 매번 들을 때마다 새로운 느낌이다. 그래도 클래식은 내 영혼이 잠들지 않게 깨우쳐 주는 그 무엇이다. 지금도 나의 생활 구석구석에 클래식 음악이 있다.

세월이 흐르면서 클래식 아카데미 이외에 다양한 연주회에 감상하는 횟수가 늘어나면서 클래식 음악에 익숙해지고 있다. 김민 교수가 이끄는 서울바로크합주단 회원으로 가입하면서 본격적인 음악애호가가 되었고, 한국페스티발앙상블 연주회에도 꾸준히 참석하고 있다. 또 김정자 이사장이 이끄는 성정문화재단에도 잠깐 우수회원으로서 관심을 기울이기도 한다.

한가지 안타까운 것은 한국은 예술분야 인재들이 많지만 클래식 저변 확대는 아직 요원하다는 점이다. 국내 일류대 출신은 물론 유학파 박사급 아티스트들로 넘쳐난다. 어느 작은 음악회를 가더라도 뛰어난 연주자들이 넘친다. 그들의 연주를 들을 때마다 깜짝 깜짝 놀란다.

문화예술은 그 나라의 품격과 국민정서의 수준이다. 대한민국이 진정으로 선진국 대열에 동참하려면 문화예술 분야가 꽃피우지 않고서는 불가능한 일이다. 예술인들이 자신들의 실력을 마음껏 발휘할 수 있도록 국가나 사회가 적극 지원했으면 좋겠다.

문화 창달의 주인공은 바로 예술인이다. 이들을 키워내고 이끌어 주기에는 단순한 음악 애호가들만으로서는 턱없이 부족하다. 국가나 지방 자치 단체가 나서지 않으면 이들 예술인들의 꿈은 실현되기가 어렵다. 대한민국의 문화 진흥 발전을 위해 온 국민과 국가가 더 이상 머뭇거릴 수 없는 상황이다. 문화가 있는 국가와 도시야말로 사람이 인간답게 사는 곳이다. 주변에서도 클래식 음악을 즐기는 이들은 많지 않다. 한번 클래식 세계에 입문해 보는 것은 어떤지, 친구들에게 이웃에게 내 자녀들에게 권하고 싶다.

클래식 음악의 역사

클래식 음악의 개념은 19세기 유럽에서 확립되었다. 18세기에는 계몽주의가 중심 사조로 자리잡았고 이에 따라 근대과학과 인문학이 점차 발전함에 따라 음악분야도 옛 음악들에 대한 근대적 연구 성과를 내놓기 시작했다. 이후 19세기에는 시민계급의 지위가 신장되면서 이들 또한 이전의 예술과 문화를 향유하기 위해 옛 음악에 대한 관심을 갖기 시작했다. 이에 따라 이러한 음악들을 연주하는 공공 연주회가 성행했다.

공공 연주회는 점차 서양 음악의 주요 장르로 자리 잡으면서 탁월한 가치를 인정받으면서 수많은 작곡가들에게 모범적 기준을 제시했다. 또한 공공 연주회에서 청중들에게 인기가 있는 작품들을 통칭하는 규범적 의미의 고전(Classic) 음악이 확립되기 시작했다. 현대에 이르러 이 전통 음악의 기준은 1550년부터 1900년으로 규정되었으며 이를 공통 관습 시대(common practice period)라고 한다. 이 300여 년간의 음악의 특징은 대위법과 화성학 등 근대적 음악 이론이 적용되는 조성 음악이라 할 수 있다.

서양음악의 역사는 고대 음악 시기(AD 500년 이전)의 고음악으로 시작해 중세 음악(500~1400), 르네상스 음악(1400~1600), 바로크 음악(1600~1750), 갈랑 양식(1720년대~1770년대), 고전주의(1750~1820), 낭만주의(c.1780~1910) 등으로 구분된다.

20세기와 21세기의 클래식 음악으로는 근대 음악(1890~1930 19세기 말의 음악 포함) 인상주의 음악(1890~1925), 신고전주의(1920~1950년대 전기의 주류 양식), 포스트모더니즘 음악(1930~현재) 실험 음악(1950~ 현재), 현대 음악(1945 또는 1975~현재) 등으로 구분된다. 이런 기본 흐름을 알고 클래식을 즐긴다면 좋을 것이다.

5장

나의 경영 노트

사업의 운(運)

회사 창업의 목적은 우선 먹고 살기 위한 공동체를 만드는 것이다. 다시 말해 돈을 버는 조직을 형성해 각자의 경제 활동으로 부가가치를 창출한다. 대부분 초기에는 생계형으로 시작한다. 무엇보다 구성원들이 최소한의 생활이 지속 가능할 수 있도록 협력해서 수익 창출을 위해 최선을 다한다. 기업 공동체의 먹거리가 커짐에 따라 분배의 정의가 실현되면 기업의 사회적 책임도 증가하고 공동체가 갖는 커리큘럼도 자연스럽게 달라진다.

제조업의 생명은 신기술을 향한 끝없는 개발에 있다. 10여년 전 한창 잘 나가는 어느 대기업 총수는 앞으로 10년 후 우린 무엇을 먹고 살 것인가에 대해 심각하게 고민해야 한다고 말한 적이 있다. 그러자면 마누라와 자식만 빼고 모두 바꿔야 한다고 역설했던 일이 떠오른다. 그만큼 혁신을 하지 않으면 기업의 존속이 어렵다는 뜻이다. 한 개인의 삶보다 공동체의 지속이 더 힘들고 공동체의 지속을 위해서는 늘 환골탈태(換骨奪胎)의 자세로 임해야 한다는 뜻이다.

45년 전 제조업을 창업했지만 사실 계획된 창업이라기보다 납품사가 부도나는 바람에 채권 회수를 위해 사업 양도 양수로 인수하면서 사업을 시작했을 뿐이다. 처음에는 주물 제품(자동차 브레이크 드럼 외)을 가공하면서 발생된 분철(쇳가루)을 이용하여 리사이클로 운동 기구인 아령을 생산하면서 출발했다. 아령은 운동기구의 일종으로 주로 체육사에 공급하는 제품이다. 원호단을 통해 대량으로 군에 납품하고 기타 군부대에도 납품했다. 주물 제품 중 아령은 가장 하급 제품이다. 그러나 공정이 빠르고 불량품이 없으며 모양과 무게만 맞추면 금세 완성품이 되기 때문에 부가 가치가 매우 높은 상품이다. 특히 폐기 처분용 분철을 용해할 수 있는 방법만 있다면 95% 회수율이 보장되고, 중간재(재생 선철)를 거치지 않고 바로 제품으로 만들 수 있어 상당한 이익을 낼 수 있을 것이라 생각했다.

당시 분철은 저가로 수집할 수 있었으며, 작은 양은 무료로 가져올 수 있었다. 관건은 용해 방법이었다. 송풍기를 이용한 용광로(큐폴라)에서는 풍량 때문에 가루가 분산되어 없어지기 때문에 용해가 쉽지 않았으며 회수율도 적었다. 그래도 시행착오를 겪으면서 해결 방법을 찾아냈다. 우선 분철을 깡통 속에 채워 넣어 밀폐시킨 뒤 용광로에 집어넣는다. 석회석과 함께 괴탄으로 열을 가해 철이 녹는 초정온도 1120도 이상을 가열해 완전히 녹인 후 1400도 상태에서 슬러그를 제거하고 순수 쇳물만을 조형틀에 주입시킨다.

그런 다음 두 세 시간 지난 후 마치 농부가 수확기에 맞춰 고구마를 캐는 것처럼 주물사로 채워진 조형들을 해체시키면 된다. 이때 완벽하게 형성이 갖춰진 물건만을 털어내면 바로 이것이 아령 주물제품이 된다. 수거된 아령을 모아 후처리 공정으로 가량(회전틀) 기기에 넣어 몇 바퀴 돌리면 아령끼리 서로 부딪혀 짐으로써 깔끔하게 잘 다듬어진 양질의 상품으로 출고된다.

당시에는 괴탄을 연료로 한 용광로에서 분철 녹이는 방법을 몰랐으나 우리 아이디어인 깡통에 넣어 분철을 괴로 만들어 녹임으로써 양질의 쇳물을 얻을 수 있었다. 한국에서는 처음으로 큐폴라(용해로)에서 분철을 직접 녹여 제품을 만드는데 성공했다. 버리게 될 폐철(분철)을 다시 모아 리사이클해 자원을 살리고 환경면에서도 매우 바람직한 공헌이 될 수 있었다. 처음에는 용광로의 구조상 송풍기를 이용해 열을 가하기 때문에 원료(분철)가 가벼워 송풍으로 분산했기 때문에 용해에 어려움이 있었다. 그러나 1리터의 작은 용기에 넣어 밀폐시킨 뒤 일정한 공간을 유지시킴으로써 자연스럽게 용해가 잘 되었다.

용광로에서 쇳물이 콸콸 흘러나왔을 때 그 감격은 이루 말할 수 없는 환희였다. 버려질 운명에 처한 자원을 주물제품으로 재생산하는 게 믿기지 않았다. 더구나 아령을 만들어 국민 건강용 운동 기구를 공급할 수 있었다는 점에 자긍심이 생겼다. 또한 수익도 상상 이상으로 치솟았다. 당시 박정희 정부의 '체력은 국력'이라는 캐치프레이즈에 따라 60만 군인들에게 아령이 의무적으로 지급되었기 때문에 매출이 급증할 수밖에 없었다. 생산이 공급을 따라가지 못할 지경에 이르렀다.

타의에 의해 어렵게 공장을 인수하였으나 제조업 경험과 주물에 대한 기술도 전무(全無)했기 때문에 첫 아이템인 저급 주물용 '아령'을 선택했던 게 시기적으로 적중했다. 운이 좋았던 것이다. 처음에는 관리직은 두지 않고 1인 5역(경리, 영업, 총무, 구매, 생산관리)으로 분주한 2년을 보냈다. 살다보니 사업도 운칠기삼(運七技三)이라는 사실을 알게 되었다. 무슨 일을 하든 기백과 열정이 중요하겠지만 운이 있어야 한다.

5전6기의 신화

돌이켜보면 철과의 인연은 초등학교 3학년 여름 방학 때부터 시작되었다. 영등포 형님 댁에 놀러왔다가 형님이 운영하는 공장에 들렀다. 용광로에서 흘러나오는 붉은 쇳물을 보고 굉장히 겁먹었던 기억이 난다. 얼마나 무서웠으면 신기한 구경임에도 불구하고 집에 서둘러 돌아왔겠는가. 우리 민족은 예부터 철을 다루는 기술이 뛰어났다. 제철 제련 기술은 국가가 형성하는데 있어서 매우 중요하다. 고대 건국 신화를 보면 철 다루는 사람들이 주인공으로 등장하기도 하고, 고대 연맹 국가였던 '가야'의 경우 주변 나라들과 철을 교역하면서 번성했다. 우리 조상은 철을 비롯한 광물을 다루는 기술이 뛰어났기에 금, 은, 철을 재료로 한 뛰어난 세공술의 보물들을 박물관에서 쉽게 볼 수 있다.

철은 기본적으로 광석에서 추출한다. 철광석을 제련해 순수 철을 '괴'로 만든 것이 선철이다. 선철을 녹여 탄소(FeC)량을 조성해 특성에 맞는 각종 철제품을 생산, 우리 생활에 직접 사용하는 제품이 철강 또는 주철인 것이다. 현대제철이나 포스코 등은 주로 제철과 압연 공정을 거쳐 다양한 용도로 쓰여질 철강 제품을 생산하는 곳이다. 이 제품들은 건축 및 공업용 각종 철골 제품이나 자동차 강판, 선박용 후판 등으로 우리 생활과 밀접한 곳에 쓰이고 있다.

처음 철강 산업에 뛰어들었을 때는 오직 생계를 위해 시작했다. 처음에는 아령과 같은 하급 제품을 생산한 후 2년 만에 자가 공장을 설비해 제조업의 기본 틀을 갖추었다. 이때부터 저급 주물 제품에서부터 고급 기계 부품을 제조해 국내 기계 공업 발전에 도움을 주겠다는 사명 의식이 생겼다. 소재 부품의 품질은 곧 그 나라 기간 산업의 수준이며 국가 경쟁력과도 직결된다는 믿음을 갖게 되었다. 주물은 국가 기반 기술 산업으로서 열처리, 용접, 도금, 금형과 함께 5개 분야 기초부품 육성 산업이자 산업의 뿌리이다. 그러나 제철산업은 3업종에 공해 산업으로 수도권 내에는 허가를 받지 못했다. 어쩔 수 없이 수원을 벗어나 멀리 화성시 병점으로 공장을 이전했다. 1300평의 대지 위에 주물 제조업 공장 설치 허가를 받은 것이다.

이제부터는 본격적으로 국가 기간 산업 전반을 커버할 수 있도록 다양한 종류의 부품 소재를 개발, 생산해 나갔다. 공작 기계 부품을 비롯해 공업용 펌프케이스 및 모터 후램과 자동차 부품 등을 본격적으로 제작했다. 당시 우리나라의 기계 공업 기술은 매우 열악했다. 따라서 주로 일본 철강 기술에 의존할 수밖에 없었다. 일본에 비해 임금이 3분의 1정도로 저임이기 때문에 경쟁력은 있었다. 이제 기술력만 있으면 일본을 비롯한 선진국에 충분히 수출할 수 있었다.

국내 사정으로 보면 그나마 대기업들이 중소기업보다는 기술 우위에 있음으로 먼저 대기업에서 기술 지도를 받거나 해외에서 기술 이전에 의존하면 가능한 일이었다. 제품생산의 공정도 기능공, 숙련공 위주의 경험치에 의존하는 것이 아니라 전공 출신 기술자들이 생산을 주도해 나가는 생산관리 시스템으로 전환하면 품질향상을 기대할 수 있었다. 문제는 기술 인력 확보가 어렵고 중소기업에서 고급 인력을 양성하는 것 또한 쉬운 일이 아니라는 사실이다.

초기에 이공대 출신 사원 두 사람을 채용하기 위해 인턴사원 여덟 명을 채용하기도 했다. 주물산업의 열악한 환경 속에서 대졸 출신 젊은 기술인들이 근무하기는 어려웠던지 결국 1년이 지나면서 일곱 명이 퇴직하고 한 사람만 남았다. 이처럼 기술인력

확보도 어렵고 고비용이 들어간다. 5년이 지나면서 회사는 중소 주물 제조업체로서 기록적인 생산력을 갖추기 시작했다. 자동차 부품 생산으로 매출이 늘어났으며 일본에도 각종 부품 소재를 수출했다. 멀리 미국에는 펌프케이스를 비롯한 키스톤 발브 등 주물 제품들의 수출길도 열렸다. 특히 일본 수출은 양적 확대보다는 기술 정보를 공유하고 일반 주조 기술 확보에 역점을 두었다. 일본 기술자와의 교류는 품질 향상과 생산 기술에 매우 큰 도움이 되었으며 회사 품질 등급을 한단계 업그레이드시키는데 결정적인 역할이 되었다.

부품의 향상과 신제품 개발은 계속 이어졌다. 창업 10년이 지나면서 주물 산업의 하이테크라 할 수 있는 '철강 압연롤'을 개발하기 시작했다. 일찍이 형님께서 시도했던 기술 개발 사업이기도 했기 때문에 가문의 전통을 이어가는 의미도 있고 형님이 이루지 못한 꿈을 내가 완성해야겠다는 목적도 있었다. 철강 압연롤은 철강 제품 생산에 없어서는 안 될 부품 소재이며 철강 제품의 품질 향상에 직접적인 영향을 주어 철강 산업 발전에 크게 도움을 주는 필수 제품이다. 이왕 주물 산업에 몸담았다면 가장 어렵고 고도의 기술이 필요한 '철강롤'을 개발해 수입에 의존하고 있는 국내 굴지의 철강회사에 납품하고 싶었다. 이로써 일본을 비롯한 전 세계 여러 나라에도 공급을 늘려 대한민국의 주조 산업의 수준도 선진국 주조 기술 못지 않다는 것을 증명해 보이고 싶었다.

동종업계 서울대 출신 대기업 간부 사원 2명을 계약직으로 영입하였다. 이제 본격적으로 철강 압연 개발을 시작했다. 제품 특성상 실험실에서 샘플부터 만드는 게 아니라, 처음부터 생산 설비를 갖춰야하기 때문에 개발 초 시설 투자는 커다란 모험이 된다. 생산과 동시에 개발 제품을 만들어야 하기 때문에 처음부터 연구 자금 투자가 큰 부담이된다. 철강 압연은 쓰임새에 따라 재질과 크기가 다양하다. 따라서 용도에 맞는 품질을 맞추지 않으면 안 되었다. 곧 개발품이 제품으로 성공하지 못할 경우 사업을 접어야 한다는 뜻이다. 한 가지 가능성은 대기업에서 이미 개발에 성공해 생산하고 있다는데 있었다. 즉 우리도 할 수 있다는 확신을 가졌다.

주조 기술 인력이 확보되어 있는 상황에서 외부 압연롤 생산 기술 전문가와 함께 연구 개발을 시작했다. 대기업과 중소기업의 환경 차이로 인해 상호 소통에 약간의 애로 사항은 있었지만 새로운 제품의 표준 관리와 생산 관리를 동시에 습득하는 것은 그다지 어렵지 않았다. 또한 주물인으로서 한국의 주조 산업을 선도해 나가야 한다는 굳은 결심이 무엇보다 강했기 때문에 경영자의 마인드와 신념을 보여 주어 직원들도 자부심과 긍지를 갖게 했다.

생산기술은 관리 기술과 등식을 이룬다. 기술표준에 따라 생산 공정을 얼마나 세밀하게 잘 관리하느냐에 따라 기술력 향상에 도움을 줄 수 있다. 특히 시행착오와 실패했을 때의 분석 관리가 무엇보다 중요하고 투명해야 한다. 그러한 정확한 기록들이 성공의 지름길이다.

개발은 모험이 따르고 실패 가능성이 높고 위험하기 때문에 누구나 쉽게 접근할 수 없다. 실패의 각오와 용기가 필요하며 재원이 뒷받침되지 않으면 시도조차 할 수 없는 사업이다. 주조 기술 개발은 리더의 강한 의지와 개발자의 열정이 필요하다. 그러나 연구원 역시 새로운 것에 대한 도전에 의지를 갖고 꼭 성공하겠다는 신념으로 자신의 혼을 불어 넣어야 한다. 개발 과제를 위해 모든 것을 희생하며 전력을 다했을 때만이 얻을 수 있다.

'하이스롤' 개발을 앞두고 주변에서는 우리 기술로는 불가능하다며 모두들 만류했다. '압연롤' 중 가장 강한 금속 재질로 만들어진 특수 제품이다. 당시에는 일본만이 개발하여 사용하고 있었다. 금속은 특성상 강하면 부러지거나 절손이 되기 쉽다. 그래서 표면은 강하지만 내부는 연한 성질의 금속이어야 한다. 이러한 제품은 원심을 이용해 이중 주조를 거쳐 겉과 속이 다른 성분의 금속 조직으로 형성해야 하기 때문에 생산 공정 관리가 쉽지 않다. 초 단위 관리가 필요하며 온도 또한 정밀하게 맞추지 않으면 완제품을 기대할 수 없다. 그러나 일단 제품을 완성하면 내구성은 일반 제품의 다섯 배나 되기 때문에 철강 제품을 생산하는데 획기적으로 원가를 절감 할 수 있는 장점이 있다. 그러나 고가품이기 때문에 만약 불량이 발생할 때는 롤 1개당 약 1억원의 손실을 감수해야 하는 단점이 있다.

개발 과정에서 엄청난 노력에도 불구하고 시작품을 생산할 때 다섯 개 제품에서 연속적으로 크랙이 발생했다. 그때를 생각하면 지금도 트라우마처럼 가슴이 답답하다. 하늘이 누렇게 보일 정도로 정신이 나갔다. 경제적인 손해는 물론 정신적 피폐함은 이루 말할 수 없었다. 개발 사업을 중단해야 할지 고민했지만 그동안 투자했던 노력과 자금이 물거품이 되는 게 너무도 속상했다. 그러나 실패는 성공의 어머니라 하지 않는가? 다시 한 번 재도전하기로 결심했다.

여섯 번째 시작품 생산이 시작됐다. 원심 주조틀에 하이스로 외피 주입을 마친 뒤 닥타일로 코아 부분을 주입한 뒤 온도와 주입시간 철저히 관리해 접합이 잘 이뤄질 수 있도록 했다. 마침내 성공적으로 마무리 주입을 마쳤다. 나를 비롯해 연구원과 직업원들 모두 일체가 되어 긴장 속에 작업을 마친 후 서로 얼싸안았다. 뜨거운 눈물 속에 용광로의 붉은 빛이 반사되었다. 다음날 새벽 어둠을 헤치고 공장으로 달려갔다. 어제 작업했던 제품이 궁금해서 가슴은 달려가는 걸음보다 더 심하게 박동했다. 아직 열기가 남은 금형을 해체하자 머리 부분부터 빠져나오기 시작했다.

"주님, 제발 이번만은 꼭 성공할 수 있도록 도와주십시오."

기도가 절로 나왔다. 그만큼 절박했던 것이다. 꼬리 부분까지 완전히 해체되어 육중한 알몸이 드러났다. 12톤이나 되는 거대한 몸매가 화려하고 날씬했다. 마치 처음 잉태되어 세상 밖으로 나온 인간처럼 보였고. 완벽한 자태를 드러내며 나에게 인사하는 듯했다.

'나를 이렇게 건장하고 잘생긴 압연롤로 세상에 태어나게 해주어 감사드립니다.'

대성공이었다. 만약 다섯 차례의 실패에서 그쳤다면 아마 지금도 하이스롤은 완성하지 못했을 것이다. 무엇을 하든 포기하지 않는 근성이 무엇보다 중요하다.

에밀레종 이야기

우리나라 사람이라면 에밀레종을 모르는 이가 없다. 특히 어릴 때부터 들어온 애달픈 전설을 말이다. 스님들이 백성들의 평안을 위해 종을 제작하기로 하고 시주를 받으러 나갔을 때 어느 가난한 부부가 시주할 길이 없어 어린 딸을 제물로 바쳤다는 이야기다. 전설에 따르면 당시 종을 만드는 장인들은 범종 제작에 실패를 거듭하던 차였다. 장인들은 고민 끝에 이 아이를 끓는 쇳물에 넣기로 했는데 그 후에야 종이 깨지지 않고 완성되었다고 한다.

그 후 종이 울릴 때마다 '에밀레'라는 소리가 울려퍼졌다는 슬프고도 아름다운 이야기다. 그런데 단지 전설일 뿐일까? 쇳물을 오랫동안 다뤄본 나로서는 전설 이상의 의미가 있다고 믿고 있다.

종의 크기는 높이 3.33m 지름 2.27m 무게 18.9톤으로 장정 30명을 합친 근수가 나갈 만큼 거대한 종이다. 에밀레종은 신라 33대 성덕대왕의 공적과 명복을 빌기 위해 아들 경덕왕이 봉덕사 스님들에게 제작을 명하였으나 아들 35대 혜경왕 시대인 서기 771년에 완성되었다.

이 종은 특히 울림이 길고 청아해서 세계적으로 유명하다. 학계의 조사에 따르면 100을 기준하여 보신각종의 울림은 58.2점, 상원사종은 71.5점, 에밀레종은 무려 86.6에 달한다. 수치로 보아도 최고의 종이다. 이는 1300년 전 신라 장인들의 음향학, 진동학, 설계와 주조 기술이 얼마나 우수했는지 단적으로 증명하는 것으로 40년 간 주조 금속 산업에 종사한 전문가로서도 그저 놀라울 뿐이다.

금속의 품질은 재료와 정성에서 나온다. 원 재료가 우수해야 양질의 제품을 얻을 수 있으며 여기에 사람의 노력과 정성을 더해야만 훌륭한 제품이 나올 수 있다. 이렇듯 용광로의 금속 제품은 언제나 정직하다. 수십 년간 경험한 사실이다.

특히 특수한 주조 제품을 생산하기 위해서는 많은 정성과 정밀 관리가 요구된다. 여러 종류의 금속 제품이 있지만 이들마다 금속이 갖고 있는 성격과 색깔 또한 가지각색이다. 크게는 철과 비철로 나뉘는데, 쉽게 설명하면 자석에 붙는 것이 철이고 붙지 않는 것이 비철이다.

현대 문명사회에서 철은 인류의 인공 제품 중 뼈에 해당한다. 모든 물체의 중심이 되는 철은 우리 생활에 필수 물건이며 인류가 존재하는 한 영원히 존재해야 할 필수품이다.

철은 반드시 용해 과정인 '주조'(鑄造)를 거쳐 만들어진다. 주조는 양질의 제품을 만드는 기초이며 첫 단계다. 좋은 재료를 투입하고 적정한 온도로 용해시켜 각종 형태의 틀(모형)에 주입을 함으로써 기본 제품이 완성된다.

앞에서 언급했던 에밀레종도 아연과 구리 및 기타 재료를 넣어 용해시켜 틀에 주입하여 만들었을 것이다. 이 과정에서도 적정한 온도와 주입 시간은 매우 중요하다. 온도를 너무 높여도 안 되며 낮게 용해시켜도 안 된다. 주입 온도를 정확하게 계산하고 주입 시간도 정확해야 된다. 당시 에밀레종 무게만 18.9톤이라면 실제 주입했던 쇳물무게는 약 21톤 정도 되었을 것이다. 문제는 지금처럼 대형물을 옮길 수 있는 크레인 장비도 없는 시대에 인력으로 어떻게 이 일을 해냈을까 하는 점이다. 종의 재질은 청동으로서 응고 속도가 매우 빠른 급냉의 속성상 인력만으로 주입 온도, 시간을 어떻게 맞추었는지 여전히 신비한 일이다.

다음은 액체가 고체로 변하는 응고 과정도 매우 중요하다. 시간 조정이 적정하게 이루어져야 한다. 이는 재료 배합 비율이 일정하게 잘 맞춰졌을 때 가능한 일이다. 철이나 비철인 경우도 응고 과정에서 크랙이나 기포로 인해 제품을 망칠 수 있다. 특히 종은 기포나 조그만 실금 크랙이라도 발생되면 소리의 변형과 울림에 결정적인 영향을 끼친다. 에밀레종이 1300년을 훨씬 지났는데도 지금도 변함없이 긴 울림과 청아한 소리를 유지하고 있는 것은 재료 투입과 주조, 응고 과정을 정확하게 설계하고 제작했다는 뜻이다.

금속에는 인(P)이라는 성분이 들어 있어야 한다. 인체의 뼈에도 인 성분이 들어 있다. 인 성분에는 뼈가 부러지거나 쉽게 금이 가지 않도록 아교질과 석회질에 함유돼 있다. 에밀레종에 어린아이를 희생시켰다는 전설의 이면에는 이런 과학적인 이유가 있을 수 있다. 종을 만들 때 발생하는 크랙이나 기포를 없애기 위해 '인' 성분이 필요했고 어린아이의 뼈가 이 난제를 해결해 주지 않았을까? 지금은 FeP(인) 소재가 나와 접종을 시켜주고 있지만 반세기 전만 해도 우리나라에서 특수한 제품(耐糖損, 耐熱, 耐磨耗)을 만들 때는 부족한 인을 보충해주기 위해 용광로에 소뼈(牛骨)를 집어 넣었다.

주조 공정에 있어서 현재는 과학 문명의 발달로 여러 가지 측정 기구로 온도와 시간을 체크하는 등 공정을 과학적으로 해결하고 있다. 하지만 에밀레 종을 만들 때 장인들은 느낌만으로 온도와 시간을 맞췄을 것이다. 오랫동안 이 분야에 종사했지만 우리도 지금과 같이 과학적 품질 관리가 아닌 사람의 힘, 즉 눈대중으로 온도를 측정하여 주입을 했던 경험이 있다. 쇳물의 온도 관리는 매우 중요하다. 측정기에 의존해 관리하기도 하지만 먼저 사람의 감으로 하고 즉시 측정기로 확인하여 이뤄지는 작업공정이 바람직하고 완벽하다.

그러나 지금은 장인정신으로 일하는 인력이 많지 않아 측정기에만 의존하는 경향이 있다. 용광로와 함께 살아왔던 나로서는 지금도 쇳물의 색깔로 1400도~ 1500도까지는 감으로 측정할 수 있다. 이는 오랜 경험의 산물이다.한 분야의 장인이 된다는 것, 거기에는 끝없는 도전이 필요하다. 에밀레종을 만든 사람들 또한 그러했으리라고 본다.

기업의 투명성

형님 회사에서 직장 생활을 하면서 사회 경험을 쌓고 일을 배우기 시작했다. 4, 5년 동안 경리, 회계, 영업, 총무 등을 다양한 업무를 맡으면서 경영에도 조금씩 눈뜨기 시작했다. 그러나 열심히 일함에도 불구하고 회사는 점점 어려워지고 결국 직장을 떠나야 했다. 60년대에는 한국 산업의 태동기라 할 수 있지만 일자리 구하기는 하늘의 별따기였다. 그렇다고 결혼한 가장이 실업자로 오래 머물 수는 없었다. 용기를 내어 유통업을 시작할 계획으로 조그만 연락사무실을 마련해 사업을 시작했다.

2년이 지난 후에는 제조업에 뛰어들어 중소기업을 본격적으로 시작했다. 비록 중소기업이지만 제조업이란 유통업과 달리 상품의 생산 판매 등 일관된 작업 공정을 요구하는 복잡한 단계를 거쳐야 한다. 이중 영업이 가장 중요하다. 먼저 상품 주문을 받아 생산하는 주문 생산 시스템이기 때문이다. 기업의 구성 요건은 자본과 물자와 사람이다. 이중 어느 하나라도 빠지면 기업이 성립될 수 없다. 자본주의 사회에서 기업이란 이윤 추구를 목적으로 하는 생산경제 단위체를 말한다. 기업은 기업가를 중심으로 집합된 자본 설비 또는 기타의 자원으로 구성된다. 노동 또는 원자재 등을 구입하고 구입한 원자재를 생산과정을 통하여 가치를 부가시킨 후, 시장에 판매하는 것이다. 기업은 다른 경제 주체, 예컨대 가계나 정부와는 달리 이윤을 추구하고 있다는 점이 다르다.

그러나 이윤추구 못지않게 중요한 것은 사회적 책임이다. 학자들은 기업의 사회적 책임은 '과정'이자 '목표'라고 정의한다. 즉 기업의 사회적 책임은 '기업 전략의 통합적인 요소'로 기업이 시장에 제품 또는 서비스를 전달하는 방식인 동시에 '과정'이라는 것이다. 나아가 기업의 사회적 책임은 기업이 이해 당사자들의 관심사를 중요하게 고려하고 다룸으로써 사회에 기업 활동의 정당성을 유지하는 하나의 방식이며 기업 운명의 '목표'라고 정의하고 있다.

기업의 사회적 책임은 기업이 어떤 외부의 압력이나 요구에 의해 마지못해 실행하는 활동이 아니라, 자발적으로 이해관계자들이나 소비자들의 기대에 부응하고 사회 공동의 이익창출에 유익한 활동을 계획하고 실천하는 일이다. 물론 기업은 사회적 책임 활동을 수행하는 과정에서 반드시 법률 요건을 충족해야 하며, 사회 구성원 모두에게 유익한 공공선(公共善)을 달성하는데 주안점을 둬야 한다.

나아가 기본적인 법률 요건을 충족하는 선을 넘어 추가로 자발적인 CSR(기업의 사회적 책임 활동)을 계획하고 실행해야 한다. 예를 들어 소비자의 요구를 넘어 지역 사회 발전을 위해 공헌하는 것이며 거래자뿐만 아니라 주주들과 종업원들의 요구사항을 적극 수용해줘야 한다. 그렇게 되면 기업 가치는 점점 높아진다.

2001년, 27년 동안 운용해왔던 회사가 신도시 계획으로 폐업했다. 오랫동안 열정적으로 일해 왔던 사업을 국가시책의 일환으로 문을 닫을 수밖에 없었다. 아내는 이번 기회에 조용히 은퇴하고 남은 여생을 기업 활동의 스트레스에서 벗어나 편히 살기를 권했다. 열심히 일만 하면서 살아왔던 지난날들을 되돌아보면 아내의 말에 쉽게 동의할 수도 있었다. 그러나 함께 일해 왔던 50여 명의 직원들이 하루아침에 일터를 잃고 뿔뿔이 흩어질 것을 생각하자 아내의 말을 도저히 수용할 수 없었다.

2002년 새해를 맞이하였다. 6개월 동안 장고 끝에 공장을 다시 세우기로 결정했다. 직원들의 앞날도 걱정되었지만 오십대 중반의 나이에 은퇴란 너무 빠른 것이 아닌가 싶었다. 아직 사회와 국가에 할 일이 더 남아있다고 판단해 제2의 창업을 결심한 것이다. 새로운 회사 설립 목적은 '대한민국 중소기업의 선도 기업으로 거듭나기'였다. 첫째는 공개 기업(상장 회사)이 돼야 하고, 훌륭한 경영자를 영입해 전문 경영 체제를 구축하며, 전 직원의 주주화로 주인의식을 고취시키기로 했다. 성과급 제도도 도입하기로 했다. 무엇보다 투명한 회계기준을 적용해 올바른 납세의무를 다하는 선도 기업을 지향하는 것을 목표로 했다.

회사 설립 초기부터 동종업계 대기업 임원을 영입해 대표이사로 선임하여 생산과 영업 파트를 맡게 했다. 나는 주주가 아닌 회장으로 직접 경영은 참여하지 않고 일선이 아닌 이선에서 대외 업무와 재무 회계를 맡았다. 보너스와는 별도로 당시 순이익의 25%는 전 직원 성과금으로 지급하기로 했다. 또 25%는 제세공과금, 25%는 시설투자, 나머지 25%는 불경기를 맞아 어려워질 때 대비한 회사유보금으로 각각 정했다.

그러나 창업 2년이 지나면서 초대 대표이사가 물러나고 회장이 대표이사직까지 수행하게 됐다. 여러 원인이 있지만 대표이사가 대기업 임원 출신이기 때문에 중소기업 환경을 적응해 나가기 어려워했다. 조직과 시스템이 잘된 대기업과는 달리 중소기업은 대표가 늘 솔선수범해야 하는데 이런 중소기업의 경영 환경을 극복하지 못했던 것이다. 다행히 전 직원 성과급제 도입으로 회계는 자연스럽게 투명하게 됐으며 전 직원이 열심히 일해준 덕분에 공개기업으로 상장 심사까지 통과될 수 있었다. 이제 탄탄한 회사가 됐으니 불특정 다수에게도 우리 회사 주주가 될 수 있는 여건이 마련됐다고 확신, 회사를 공개했다.

기업은 사회적 책임을 다해야 하며 자원 나눔의 공동체이자 분배 정의를 실현하는 곳이다. 삶의 목적이란 행복 추구가 아니겠는가? 직장에서의 행복이 자신은 물론 가정의 행복으로 이어지는 법이다. 아울러 기업은 회계뿐만 아니라 생산 영업 관리 모두가 투명해야만 하며 투명한 기업만이 경쟁에 살아날 수 있다. 나는 사장실 문 앞에 '우리 회사 투명성이 최고 경쟁력'이라는 문구를 붙여놓았다. 실천 의지를 강조하려는 의도에서다.

2007년 중소기업청과 매일경제, 경영학회, 중소기업은행이 주관하는 희망중소기업포럼에서 '이제는 회계투명성이다' 라는 주제로 발표한 적이 있다. 중기청장, 금융감독원장, 기업은행장, 국세청장, 매일경제 이사, 경영학회 회장 등 수많은 기업인들이 모인 가운데 기업의 투명성이 얼마나 중요한지 발표한 것이다. 돌이켜보면 나의 기업가 정신은 늘 투명성이었다. 내적인 투명성도 중요하지만 이 투명성을 유도하고 이끌어내기 위해서는 외부적인 조건도 중요하기 때문에 그 외부환경을 바꾸기 위해서도 나름 노력해 왔다고 자부한다. 나 외에 또 다른 기업가 후배들이 이런 노력을 꾸준히 이어 간다면 언젠가 우리 중소기업도 대만이나 선진국 못지않게 국가의 가장 큰 동력이 되리라 믿는다.

2007년 희망중소기업포럼 연설문

2007년 중소기업청과 매일경제, 경영학회, 중소기업은행이 주관하는 희망중소기업포럼에서 '이제는 회계투명성이다'라는 주제로 발표했다. 그 내용을 옮겨본다.

회계란 기업의 경영 성과를 일괄 정연하게 재무제표상에 기록해 기업의 이해 관계자뿐만 아니라 공개적으로 모든 사람이 볼 수 있도록 전달하는 과정 또는 정보 수단을 말합니다. 저희도 꽤 오랫동안 사업 경영을 하면서 의무적으로 결산 회계를 해 왔습니다. 일반적으로 회계가 투명하지 못한 데는 '내적 요인'과 '외적 요인'이 있습니다. 또한 기업은 대기업과 중소기업, 상장 법인과 비상장 법인으로 구분되어 각각 다른 형태의 이유 때문에 투명성 혼란을 가져오고 있습니다. 경영 실적을 올리기 위한 분식 회계와 절세를 위한 조정 회계 등도 혼란을 가져올 수 있습니다. 저희 회사는 현재 비상장 중소기업으로 지금까지는 대체적으로 절세를 위한 세무 회계를 해 왔습니다. 그러나 2000년도에 들어와서 신도시 개발 사업으로 인해 부득이 회사를 접거나 이전하지 않으면 안 될 처지에 놓이게 됐습니다.

여러 가지 이유로 한국의 제조업은 점점 경쟁력을 잃고 있습니다. 따라서 이번 기회에 회사를 접을 것인가, 아니면 지금까지 함께 일해 왔던 직원들과 오랫동안 다져 왔던 기술 축적을 바탕으로 사업을 재기할 것인가 고민하게 됐습니다. 많은 생각 끝에 기업인의 사회적 책임과 국가에 대해 아직 할 일이 남았다고 생각해 사업을 계속 하기로 결심했습니다. 새로이 부활한 회사는 투명하고 업계에서 선도적 역할을 할 수 있는, 국제 경쟁력이 있는 강소기업으로 키우고자 합니다. 이를 위해 경영 조직을 재편, 지금의 회사를 만들었습니다.

기업이란 조직의 공동체입니다. 공동체는 곧 사람의 모임입니다. 기업의 성장 발전은 리더를 중심으로 하는 공동체에서 이루어집니다. 국가관이란 이웃과 함께 하는 커다란 공동체 의식이며, 기업인으로서 생각하는 이웃은 회사 구성원 전체입니다. 이들에 대한 의무가 가장 중요하다고 봅니다. 이들을 위해 5년 전에 도입한 성과급 제도는 투명 회계의 결정적 계기가 됐습니다. 매년 결산 보고서에 의해 순이익의 25%를 직원들에게 배당하려면 먼저 경영자가 회계를 투명하게 공개해야 합니다. 그렇지 않으면 직원들은 신뢰를 유지할 수 없습니다. 외부 감사를 받는 기업 회계뿐만 아니라 세무 회계도 투명하게 이뤄져야 합니다.

이와 같이 투명 회계가 정착되기까지는 기업주의 내적 환경, 즉 실천하고자 하는 강한 결심이 먼저 필요합니다. 민주 자본주의 사회에서 법을 지켜 나가겠다는 강한 결심처럼 말입니다. 아울러 외부환경도 크게 변화하여 동참해 줘야 합니다. 세제만 하여도 지금같이 기업이 부담하는 높은 세율, 즉 준조세를 포함하면 약 30%가 넘는 세율은 대만 23.6%, 홍콩 14%에 비해 지나치게 높습니다. 경쟁력과 수익이 점점 떨어지는 중소 제조업으로서는 지나치게 높은 세율입니다. 이런 환경 속에서 투명 회계를 기대할 수 있을까요? 기업 경영을 올바르게 하고 회계 처리를 투명하게 하는 기업이 발전되고 살아남을 수 있도록 환경을 만들어 줘야 합니다.

70년 후반 부가가치세가 도입되는 시기에 저는 유통업을 상대로 한 운동 기구 및 주물 제품을 생산하여 청계천 공구 상가 및 체육사들을 거래한 일이 있었습니다. 시행 초기이므로 대부분 세금 계산서 없이 거래가 이루어지고 있었는데 유별나게 고향이 개성인 P상사는 철저하게 세금 계산서를 발생했습니다. 당시 무자료 거래가 극심한 청계천에서 특별한 상사였죠. 세무 기관으로부터 여러 차례 표창장과 모범 납세자상도 받은 독보적이고 양심적인 사업자였습니다. 그런데 몇 년을 버티지 못하고 이 회사는 폐업했습니다. 음성거래를 하고 있는 대부분의 경쟁업소에 비해 10% 부가가치세 적용한 비싼 가격으로는 경쟁력이 없었던 것입니다. 법과 제도를 지키려다 주변 환경에 적응하지 못하고 사업을 접어야 하는 현실이 참으로 안타까웠습니다.

이번에는 제가 직접 겪었던 일입니다. 5년 전 전문 경영제를 도입해 신규회사 법인을 설립했습니다. 2년 후 다시 대표이사를 맡아 자기 자본을 투자해 자본금도 키웠습니다. 자연히 최대 주주가 되었습니다. 이러한 이유로 법인이 취득한 모든 자산에 대해서 취득세는 물론 개인에게도 똑같이 취득세를 부과 당했습니다. 즉 이중과세로 납부한 것이지요. 국세법 상 공금 100만 원도 이자 없이 대주주가 회사 돈을 쓸 수가 없습니다. 대주주라도 법인과 개인은 엄연히 다르다는 것입니다. 지방세법은 법인이 재산을 취득했을 때 과점 주주 개인이 취득한 것으로 간주되어 개인에게도 똑같이 이중 과세한다는 것입니다.

참으로 이해할 수 없는 법입니다. 부채 비율이 높은 중소기업은 생존하기 어렵습니다. 그래서 자기 자본 비율을 높이고자 증자를 하게 되면 지방세법은 점유비율에 따라 법인 자산 취득에 따른 과세를 부가하고 있습니다. 기업은 망해도 기업주는 산다는 속설이 있습니다. 대기업은 모르겠으나 중소기업을 운영하는 사업주들은 자신의 기업은 곧 목숨과 같아, 온 몸을 다 바칩니다. 중소 제조업을 운영하는 분들은 강한 신념과 철학이 있는 기업가 정신을 갖고 있습니다. 요행을 바라거나 투기성을 갖고 있지 않습니다. 그들은 국가관도 투철하고 사회적 책임이 무엇인가를 잘 알고 있습니다. 기업 회계의 투명성은 당연하지요. 투명하고 진실한 경영만이 미래가 있다고 확신합니다.

국가는 이제 정도 경영을 하는 기업인들에게 맞는 좋은 환경을 만들어줘야 합니다. 올바르게 법을 지켜 많은 세금을 내는 기업에게는 득이 되고 경쟁력이 될 수 있도록 사회적 합의를 만들어가야 하지 않을까요? 이제 왜곡된 반기업 정서도 올바른 방향으로 인식되도록 홍보도 강화해줬으면 합니다. 투명 경영을 지향하는 기업에게는 인센티브를 많이 주는 제도를 만들어야 합니다. 예를 들어 세제상의 혜택이나, 정책 자금의 우선 순위 자격을 부여해 준다든지, 투명 회계를 지향하는 법인에게는 저율의 금융 혜택을 줄 수 있도록 제도 개선을 해야 합니다. 법과 양심에 따라 사회 규범을 잘 따르는 사회가 진정 정의로운 사회가 아니겠습니까. 이제부터는 법 질서를 우선하는 사람이 성공할 수 있고 인정받을 수 있는 정의 사회를 만들어가야 합니다.

개도국의 급변하는 산업 사회를 살아왔던 중소 기업인들입니다. 여러 가지 불리하고 열악한 경쟁력을 갖고 대기업에 치이고 각종 민원에 시달리고, 간접세를 비롯한 준조세와 거미줄 같은 규제에 시달려 왔습니다. 한치 앞을 내다볼 수 없는 예측 불허한 초스피드 21세기, 어떻게 하면 글로벌 경쟁에서 생존할 수 있을까 여념이 없습니다. 이런 상황에서도 중소기업은 거짓과 권모술수의 유혹을 벗어나 오로지 진실하고 투명하게 정도 경영에 매진하고 있습니다. 그것만이 내일을 보장받을 수 있다고 생각합니다. 이제 기업인들에게 전략적 지원이 아니라 미래 지향적이고, 국가와 사회를 위해서 유익한 생존 방법을 찾을 수 있도록 좋은 환경을 만들어 나갔으면 좋겠습니다.

공금은 눈 많은 돈

20여 년 동안 지방 경제 발전을 위해 상공인 단체 의원으로 봉사해 왔다. 대한상공회의소는 상공인들의 권익과 기업 발전을 위해 설립한 민간 단체로 대한민국 경제 4단체 중 회원 수나 규모면에서 가장 거대하고 오래된 조직이다. 국내 근대적 상공회의소 제도는 1884년 한성상공회의소가 설립되고 1895년 11월 상무회의 소 규례를 제정하면서 비롯되었다. 이후 1946년 5월 조선상공회의소를 창립하고, 1948년 7월 대한상공회의소로 명칭이 바뀌었다.

현재는 지방에 71개의 지방 상공회의가 분포되어 있으며 지역 경제 발전과 국가 경제 발전에 헌신하고 있다. 화성지방상공회의소는 경기도뿐만 아니라 전국 지방상공회의소에서도 회원 수나 경제 운영 면에서 7~8위에 해당될 만큼 큰 상공인 단체다.

나는 성격상 여러 사람들 앞에 나서는 것을 피하고 내가 운영하는 사업에만 전념해왔다. 내 사업에 충실해야 중소기업 운영자로서 바람직하다고 늘 생각했다. 다만 우리 기업과 지역 상공인들을 위한 일이라면 봉사활동 정도는 괜찮다는 마음은 있었다. 기업 활동을 하다보면 공통적인 애로 사항들이 있다. 이런 애로 사항과 기업 운영의 걸림돌을 관변 단체나 국가에 건의할 수 있는 단체의 한 일원으로 참여하는 것도 작은 봉사라고 본 것이다. 그런 마음으로 지난 20년 동안 의원으로 참여해왔다.

그런데 2012년 뜻밖에도 지역경제단체장에 선출되어 3년간 재임하기도 했다. 단순히 회원으로 활동하던 어느 날, 지방상공회의소 회장으로 권유를 받았다. 무척 당황한 나머지 즉시 거절했다. 이유인 즉 아직도 내 사업에 전념해야 하기 때문에 1만2천 업체가 산재해 있는 상공인 대표로서는 자격이 부족했기 때문이었다.

회사 규모도 크지 않고 능력 또한 부족했다. 미흡한 게 한두가지가 아니었다. 전 회장을 비롯한 조직의 상부 기관(상임 위원회)에서 만장일치로 추대하고 임원들이 적극 건의했음에도 불구하고 쉽게 받아들일 수 없었다. 총회일이 가까워지면서 이제 결심하지 않으면 안 되었다. 극구 사양했지만 대세는 회장을 해야 하는 쪽으로 기울어져 갔다. 대체적으로 화성은 물론 어느 도시를 가나 지방 상공회의소 회장에 목적이 있는 기업인들은 그 자리를 차지하기 위해 온갖 수단과 방법을 가리지 않는 경우가 많다. 일단 한번 회장에 피선되면 수십 년간 자리를 내놓지 않고 장기 집권하는 게 관례였다. 이런 폐단을 막기 위해 몇 년 전부터 상공회의소 법상 임기 3년, 2회 이상 연임금지 조항을 만들었다.

상공회의소 회장은 감투라고 볼 수 없다. 사회적 봉사가 기반이며 일종의 명예직이다. 지역경제 활성화와 상공인들의 발전을 위해 기꺼이 희생하겠다는 대국적 마음가짐을 갖고 임해야 한다. 국가가 정한 법률에 의해 상공회비를 받아서 운영 집행할 뿐이다. 금융기관을 비롯해 모든 경제 활동을 하고 있는 상공업체가 의무적으로 납부하는 회비로 운영하는 것이다.

또한 고용 안정 지원금을 정부로부터 대신해 집행하기도 한다. 이와 같이 상공인을 위한 다양한 활동을 하고 있는 지방 상공회의소는 그 목적과 뜻에 따라 업무 수행을 해 나가야만 한다.

그러나 회장에게 주어진 책무 보다는 사익과 정치적 출세 기반을 마련하는 교두보로 이용해왔다고 볼 수 있다. 그것이 하나의 관행이었다. 상공회의소 회장직은 급여를 받지 않으며 오히려 자기 돈을 써가며 업무 수행을 해야 하는 공적인 자리이다.

일주일에 최소 1회 이상의 결제 업무와 2회 이상의 기관장 및 외빈 접견 등을 수행하는 등 주 3회는 근무해야 한다. 취임 첫날 직원들에게 취임인사 겸 당부의 말을 전했다.

'나는 이 막중한 회장 자리를 수락하면서 회장이란 명예를 얻고자 하는 것이 아니라 우리 관내 기업들을 위한 기업인 대표로서 봉사하러 이 자리에 섰습니다. 개인적으로는 여러분들의 섬김을 받는 게 아니라 회원들은 물론 여러분들을 섬기기 위해 수락했습니다. 분명히 약속할 수 있는 것은 임기 3년 동안 오직 상공인 여러분들을 위해 시간과 몸과 마음을 다 바쳐 헌신하겠다는 것입니다.

또한 회원들께서 보내주신 회비를 다양한 지원 방법으로 돌려드리고 회원을 우선하는 사업을 펼쳐 나갈 것이며 공정하고 투명하게 관리해 나가겠습니다.'

나는 직원들에게 상공회의소의 존재 이유를 밝히고 3년 동안 회원들이 납부한 회비는 회장 개인이 일절 사용하지 않으며, 회장으로서 써야 할 공적 자금은 개인 자금으로 충당하겠다고 선언했다. 아울러 회원들이 납부한 회비에 대해 회원들 뜻에 반하는 지출은 하지 않겠다고 강조했다. 회원들이 낸 회비나 관련 기관에서 지원되는 공금은 눈 먼 돈이 아니라 '눈 많은 돈'이기 때문에 한 치의 오차 없이 투명하게 잘 관리할 것을 누차 강조했다.

즉시 회계담당을 불러 회장 개인 통장을 만들어 일정 금액을 입금시키고 회장으로서 사용해야 할 비용 일체를 지불하게 했다. 부족하면 개인적으로 또 채워 넣음으로써 취임 인사에서 밝힌 내용을 실천해나갔다.

국가나 사회 단체를 위한 공직 수행은 매우 보람된 일이다. 공동체를 위해 자신의 능력을 발휘하는 것은 큰 의미가 있다. 특히 단체 기관의 수장은 사욕을 떠나 공적 이익이 될 수 있도록 해야 명예를 지킬 수 있다. 사회가 건강하려면 윗물부터 맑아야 한다. 그래야 아랫사람들도 물을 흐리지 않고 다음 차례로 흘려보낸다. 사회가 맑고 정의로워야 국민이 살기 편하게 되고 행복을 누린다. 그래야만 미래 지향적인 선진 국가가 된다.

공직 사회는 투명하고 국민을 두려워하는 눈을 가져야 한다. 특히 명예가 걸린 최고 수장은 공과 사를 철저히 구분해 지켜나가야 한다. 중요하고 높은 위치에 서면 인간이기에 주위로부터 많은 유혹을 받아 초심을 잃게 된다. 그러므로 리더는 절제와 인내를 절대적인 덕목으로 삼아야 한다. 또한 겸손과 용기를 동시에 갖춰 어떤 유혹에서도 자유로워야 한다. 그것이 명예를 지키는 일이다. 어떤 직책을 맡아 위치가 달라졌다고 해서 내가 변하지 않는다. 그저 여전히 나일 뿐이다. 어느 날 갑자기 높아진 듯 환상에 취한다면 매우 위험한 일이다. 그럴수록 더욱 겸손하고 자신의 본분을 잊지 않고 본연의 자세를 견지해야 한다.

기업은 나눔이다

오랫동안 기업을 경영하는 동안 '기업은 단순히 돈을 버는 조직이나 시스템이 아니다'고 누차 강조했다. 20세기 기업 경영의 목적은 주주 이익의 극대화와 경제 규모를 넓혀 나가는데 그 의미가 있다. 그러나 오늘날의 기업은 가치 경영을 기반에 두고 나눔을 실천하는 등 사회적 책임을 다해야 존립할 수 있다. 기업 생태계의 트렌드가 크게 바뀐 것이다. 세계적인 석학 짐 콜린스는 '좋은 기업에서 위대한 기업으로'에서 '위대한 기업에서, 사랑받는 기업으로 바꾸지 않으면 성장할 수 없는' 단계에 이르렀다고 한다. 이에 대한 답이라도 하듯 벤틀리대학 라젠드라 시소디어(Rajendra Sisodia) 교수는 위대한 기업을 넘어 사랑받는 기업만이 21세기 경영 환경에서 지속적인 성장을 이룰 수 있다고 말했다. 작은 중소기업이라도 경영 목적이 확실해야 하며, 핵심 가치와 사명이 뚜렷해야만 한다. 나아가 미래 비전이 있어야 존립과 성장을 담보할 수 있다. 기업 공동체는 투명성이 보장되어야 하고 '공정하고 정의로운 나눔'이 있어야 생존할 수 있다.

기업의 CEO란 혼잡한 거리에서 교통 흐름을 원활하게 하는 교통경찰과 같다. 정의와 순리에 입각해 자원 흐름을 원만하게 배분해 주는 역할을 해야 한다. 최근에는 회사의 흐름뿐만 아니라 사회 갈등이 존재하는 곳까지도 신호의 역할을 해야 할 의무를 지고 있다. 그래야 사회적 책무을 다하게 된다. 고용 촉진은 물론, 사회 소외계층까지도 시야를 넓혀 자원의 흐름을 의식적으로 유도해 분배의 정의를 실천하도록 그 책임과 의무를 다해야 한다. 경제적 가치를 앞세워 국가적 또는 사회적 역할을 다해야 하지만 경제 외적인 인류애적 접근 또한 기업인의 책임이 주어지는 것이 21세기 기업의 모습이다. 따라서 기업인들 스스로 변화에 잘 적응, 거듭나는 기업만이 사랑받는 기업이 된다.

결론적으로 기업은 어느 누구의 소유물도 아니고 관리하는 권한과 의무가 있을 뿐이며, 투명 기업은 사회 기업으로 전환되는 과정일 뿐이다. 기업은 사회적 공기업만이 지속 가능하며 그 기업과 관계하는 모든 사람들에게 사랑받는 기업으로 남는다. 40년 동안 사업하면서 환경 변화에 잘 대처한다고 노력했지만, 시행착오 또한 많았다. 생존을 위해 기회 포착에 능동적으로 대처해 나가야만 했으며, 늘 긴장하며 항상 준비하고 있지 않으면 기회를 놓치기 때문에 마음의 여유를 갖기 어려웠다.

처음에는 먹고 살기 위해 창업했지만 이제 기업의 사회적 책임과 개인적 존재의 의무를 다하는 것이 도리며 순리라고 생각했다.

일본의 살아있는 경영의 신(神) 이나모리 가즈오 회장은 기업하는 목적은 종업원의 행복에 있다고 했다. 구성원의 행복이 첫째라는 말에 나는 전적으로 동의한다. 고용의 의무가 우선이며 문명사회로 나아가는데 선봉장이 되어야 한다. 기업인은 문명의 이기를 모든 인류가 공유하는 지구촌으로 창조해 나가야 한다.

부의 창출은 경제 행복의 수단일 뿐이며 공정한 분배와 정의로운 나눔이 있을 때 아름답다고 할 수 있다. 살아오면서 수량적으로 많은 재산을 가졌다고 해서 행복을 느낀 경우를 찾지 못했다. 사실 무언가 많이 가진다는 것은 마치 팝콘을 먹을 때와 같다. 포만감에 이르면 더 이상 만족을 느낄 수 없고 행복감도 멈추게 된다.

기업은 생존을 위해 경쟁하는 시스템이다. 그러나 경쟁 가운데에서도 나눔은 언제나 존재하며 더 나아가 생존의 사슬을 벗어나거나 튕겨진 사람들에게 나누는 일이 가장 값진 나눔이다. 이런 나눔은 사회적 책임 그 이상 영혼까지도 맑게 해준다.

기업인으로 사는 일은 어떤 면에서 고통의 연속이고 긴장의 연속이다. 25시를 살아가는 사람들이 곧 기업인이다. 인간은 태어날 때부터 남을 위해 살아야 하는 동물이기도 하다. 지독히 이기적인 인간이라도 하나씩 따져보면 가족이든 사회 생활이든 국가든, 사람은 홀로 살지 않는다. '자가 생존'은 불가능하며 서로 타인을 위해 희생과 봉사하는 삶을 살아야 한다. 그 점을 깨닫고 실천하는 삶이 곧 '나눔의 삶'이다.

70대 중반이 되면서 중소 기업인으로 살았던 지난날의 고통은 점점 잊어져 가고 있다. 그러나 행복하게 나눔을 실천했던 행동들은 여전히 기억에 남아 있다. 지금도 뒤돌아보며 나눔의 실천을 생각해 본다. 나는 행복하게 살아온 것일까? 나눔을 더 실천했다면 더 행복하지 않았을까? 그런 아쉬움도 떨칠 수 없다.

미얀마 난민 학교를 짓다

10여 년 전 MBC 방송 프로그램 중에는 '단비'라는 프로그램이 있었다. 라오스와 캄보디아 등 주로 동남아 개발 도상국의 농촌에에 식수를 제공해주기 위해 우물을 파주는 후원 사업을 나누는 방송이었다. 이들 지역의 아이들은 식수 부족으로 인해 오염된 물을 마시는 등 그 환경이 열악하고 비참한 수준이었다. 그 결과 피부병과 괴질에 시달리는데 방송을 볼 때마다 굉장히 마음이 아팠다. 방송사는 우물 파는 후원 사업을 통해 인도주의 국가로서 한국의 이미지를 제고하고 국위 선양도 꾀하고 했던 것이다.

우물 파는 비용은 한 곳 당 100만 원 정도가 소요되었다. 동남아의 현실을 알게 된 후 무엇을 도울까 싶던 차, MBC 방송국을 직접 찾았다. 담당 PD를 찾아 후원 사업에 대한 여러 가지 얘기들을 나눴다. 그러나 애석하게도 우물 사업을 포기할 수밖에 없었다. 후원에 대한 개념이 내 생각과 방송국의 취지와는 상당한 거리가 있었다. 인도적 우물파기 사업과 방송의 목적 사이에는 전혀 예상하지 못했던 이해 관계가 존재하고 있었다. 방송은 후원 사업 외에 홍보를 위한 별도의 비용이 발생한다는 것. 나로서는 받아들이기는 어려운 조건이었고, 결국 방송국에서의 후원 사업은 철회했다.

그렇다고 후원을 아예 포기할 수는 없었다. 동남아 현실이 늘 어른거렸기에 그로부터 몇 달 후 지인으로부터 동남아에서 활동하는 선교사를 소개받았다. 그는 오지마을의 열악한 환경 속에서 제대로 교육받지 못하는 어린이들을 찾아 교육 활동을 펼치고 있었다. 그를 만나 우물 후원 사업에 대한 이야기를 한지 6개월이 지나자 선교사가 직접 회사를 찾아왔다. 아직도 우물사업에 뜻을 가지고 있느냐는 질문에 기회가 주어지고 뜻이 맞으면 기꺼이 후원하겠다고 답했다.

그는 태국 미얀마 국경 지역 난민 수용 마을에서 선교 활동을 왕성하게 펼치고 있는 근황을 소개한 후, 인도적 차원에서 난민 수용 마을을 한번 방문해 달라고 요청했다. 나아가 우물 사업도 좋지만 아이들의 교육에도 관심을 가져 달라고 당부했다.

그렇게 해보겠다고 대답한 지 다시 몇 달이 흘렀다. 여름휴가를 이용해 한번 다녀온다면 의미 있는 여행이 되겠다는 생각에 2011년 태국 난민 수용 마을을 여름휴가지로 결정했다. 즉시 선교사에게 연락하고 일정을 잡았다. 8월 초순 이른 아침부터 무더위가 기승을 부릴 때 2박 3일 일정으로 태국을 방문했다.

태국은 거래처가 있어 업무상 가끔씩 방문하곤 했음에도 불구하고 이번 여행은 상당히 긴장되었다. 더구나 홀로 떠나는 여행은 처음인지라 어색하기까지 했다. 환영 나온 목사님을 따라 '센터라호텔'에서 여장을 풀고 곧바로 난민 마을 현장과 '앨라' 난민 캠프로 향했다. 300백만 명에 달하는 미얀마 난민들은 태국의 메소지방에 거주하면서 매우 궁핍하고 비참한 생활을 하고 있었다.

이들 난민들은 미얀마 군사 정권에 시달리다 빈곤에서 벗어나기 위해, 또는 종교의 자유를 찾아 태국 국경을 무단으로 들어와 이곳 난민 수용소 산기슭에 흩어져 살고 있었다. 이들은 미얀마 국적이기에 태국으로부터 감시만 받을 뿐 태국 정부의 지원이나 혜택은 전혀 기대할 수 없었다. 그저 불법 취업으로 근근이 하루하루를 버티고 있었다. '국경없는의사회'가 운영하는 메타오병원에서 간단한 치료를 받는 것이 도움의 전부였다.

난민들의 사는 모습은 처참하기 그지없었다. 야자나뭇잎으로 엮은 움막집에는 집집마다 서너 명의 자녀를 둔 가족들이 어렵게 살아가고 있었다. 종교가 불교인지라 어느 가정이든 작은 불상이 놓여있고 민주화의 상징인 아웅산 수지 여사의 초상화가 걸려 있는 곳도 많았다. 마을 주민들은 자체 임시 초등학교를 만들어 미얀마 청년들이 아이들을 가르치는 정도였지만 부모들의 교육열은 굉장히 뜨거웠다.

하루 생계를 이어나가기도 어려운 형편인데도 아이들 교육만은 꼭 시키겠다며 수십 리 떨어진 마을에서도 자녀들을 임시 학교에 보냈다. 임시 학교는 유치원부터 초등부 6학년까지 약 240명이 한 곳에서 수업을 받고 있었다. 참으로 눈물겨운 광경이었다. 산만한 수업이었음에도 아이들의 눈은 반짝반짝 빛났다. 아이들이 무슨 죄가 있어 이런 환경에서 살아야 하는 것일까, 마음이 아팠다.

안타까운 마음을 뒤로 한 채 국경 마을의 메타오병원으로 출발했다. 메타오 병원까지는 그리 멀지 않았다. 그곳의 운영 실태와 치료시설을 보고 안타깝기는 매 한가지였다. 가장 수용 인원이 많은 곳은 산부인과 병동으로 200여명의 산모들이 입원실이라 할 수 없는 허름한 시설에서 치료를 받고 있었다. 미얀마에서는 이토록 열악한 병원마저 없기에 난민뿐만 아니라 미얀마 본국에서도 국경을 넘어와 출산한 뒤 5일 만에 다시 돌아가곤 했다.

정형외과 역시 환자가 북적였다. 특히 손발 절단 환자가 많았다. 분쟁이 잦고 내란이 많은 미얀마에는 총상과 지뢰 사고로 다리가 잘려 나간 사람들이 그토록 많았기 때문이다.

2박3일의 답사 겸 여행을 마치고 귀국하면서 참으로 많은 생각을 했다. 난민 학교의 안타까움과 메타오병원에서 목격했던 의사들의 감동적인 의료 활동이 자꾸만 떠올랐다. 기업인으로서 이제 무엇인가를 해야 한다는, 생애 처음으로 인류애와 같은 생각이 물밀 듯이 밀려왔다.

같은 하늘 아래 불행한 나라에서 태어나 고통 받는 아이들을 위해 내가 할 수 있는 것이 무엇일까? 이 어린 친구들이 최소한의 교육은 받아야 한다는 생각에 교육 후원 쪽으로 마음을 굳혔다. 건물 200평에 유치원과 학년별 교실을 짓고, 화장실과 수도 시설, 아이들이 다치지 않고 뛰놀 수 있는 운동장 정도만이라도 갖춘 작은 초등학교를 마련해주기로 했다. 머릿속은 벌써 설계하고 있었다.

귀국 후 즉시 사업에 착수했다. 6개월이라는 짧은 기간 집중적으로 건축해 완공한 후 마침내 메소 지방의 '슈무에디거니' 초등학교 준공식에 참석했다. 나로서도 역사적이었지만 난민 마을로서도 역사적인 초등학교 개교 행사였다. 지금도 그 초롱초롱한 아이들의 눈망울과 감사하다며 인사하는 학부모들의 뜨거운 눈시울을 잊을 수 없다.

한 경영인을 기리며

'오월은 푸르구나. 우리들은 자란다. 우리가 자라나면 나라의 일꾼.'

50년 전 국민학교 시절, 5월이 되며 늘 불렀던 어린이날 노래(記念歌)다. 가사 내용처럼 오월은 푸르고 우리들은 자라나서 나라의 일꾼이 돼야 한다고 했다. 당시에는 노랫말을 따라 부르기 좋아해서 금방 외웠다. 푸르고 자라나는 것은 자연의 섭리이며 이치이다. 그러나 일꾼이 되는 일은 자연의 이치와 무관하다. 각자 살아가는 방법과 지향하는 바에 따라 일꾼도 될 수 있지만 평범한 삶을 살거나 오히려 사회에 해악을 끼치며 사는 이들도 있다. 쓸모없는 사람이 되지 않기 위해 열심히 공부하여 꼭 나라에 필요한 사람이 되겠다고 다짐했던 시절이 엊그제 같다.

5월 중순 토요일이다. 매일 저녁이면 습관처럼 해오던 5km 산책 시간을 오늘은 아침 조깅으로 바꿔 집을 나섰다. 토요일 저녁을 손주들과 함께 보내다 보면 종종 저녁 산책 시간을 놓치는데 어제가 그랬다. 아파트 동문을 지나면 탄천과 함께 뻗어있는 숲길을 걷는다. 도시 아파트에 살면서 숲길을 따라 걷는 일은 정말이지 행복하다. 지난 달에는 화사한 연분홍 벚꽃들이 하늘을 가리더니 이번에는 진녹색 푸른 잎들이 300m나 되는 긴 터널을 만들어 길손들을 기쁘게 한다.

상쾌한 주일 아침, 한참을 걷다가 갑자기 충격적인 뉴스를 접하고 걸음을 멈추었다. 기사를 자세히 읽어보았다. 우리나라 재벌 순위 3, 4위에 달하는 최종현 총수가 향년 73세로 별세하셨다는 비보였다. 몇 달 전만 해도 언론이나 지면이나 경영 활동을 왕성하게 펼치고 있다는 내용을 접했는데 그분이 갑자기 별세했다는 소식에 황망했다. 경제계뿐만 아니라 우리나라에 큰 별이 떨어진 것이다. 평소 큰 기업인들은 모두 훌륭한 분들이라고 생각했지만 그분은 각별했다. 인간적으로 많이 존경하고, 같은 기업인으로서 롤모델로 생각해왔던 터라 더욱 애석하고 안타까웠다.

그는 평소에 정도 경영과 투명 경영을 모토로 기업을 운영해왔다. 기업의 사회적 책임에 대해서 남달리 투철한 철학을 가지고 계셨으며 경제계의 최고 위치에 있으면서도 항상 겸손과 덕양을 베풀어 오신 분이다. 소박하고 겸손한 그의 성품은 병마에 시달리면서도 생명 연장을 하시겠다는 연명치료도 거부했다. 장례식마저 조촐하게 가족장으로 치러야 하며 절대 남에게 피해를 주어서는 안 된다고 강조하셨다.

그래서 본인의 흔적도 남기지 말고 수목장을 원하셨다니 참으로 모범적인 기업인이다. 뿐만 아니라 모든 국민들에게 표양(表揚)이 되는 허례허식을 지양하는 참다운 리더로서 본인부터 앞장서 실천하는 아름다움을 보여주었다.

부디 영면하시어 하늘에서라도 편안한 영생을 누리시기 기도했다. 영면하신 최 회장의 경영철학과 삶에서 많은 것들을 생각한다. 대부분 부와 명예를 얻은 사람일수록 허세에 차 자신이 살아온 흔적을 남기려고 한다. 그것이 가진 자들의 권리인 것일까? 하지만 자신의 흔적 지우기에 앞장선 그분이야말로 진정한 한국경제 지도자라고 할 수 있다. 기업과 국가를 위해 큰일 하신 분으로서 모두가 인정하는 생전의 업적을 모두 지우고 떠나시기에 마음이 숙연해지고 경의를 표하고 싶다.

떠날 때는 부와 명예가 가득한 삶일지라도 흔적을 남기지 않고 자연 속으로 사라져야 할 우리들의 육신이 아니겠는가? 인간은 결국 자연으로 돌아갈 뿐이다.

'날아라 새들아 푸른 하늘을, 달려라 냇물아 푸른 벌판을

오월은 푸르구나. 우리들은 자란다. 오늘은 어린이날 우리들 세상

우리가 자라나면 나라의 일꾼.....'

최 회장님은 나라의 일꾼이었다. 그러나 그 분이 진짜 일꾼인 점은 빈손으로 흔적 없이 이 세상을 떠나겠다는 무념무상의 철학에 있다. 나라의 일꾼이 되어야 할 모든 어린이들도, 나이든 노인들도 최 회장님의 삶을 깊이 본받아야 하리라.

사업에는 나이 제한이 없다

세월은 화살처럼 빠르다고 하는데 지난 1년이 그랬다. 지난해 정초 내 나이 일흔이 되어 아들과 함께 새로운 창업에 도전했다. 41년 동안 경영해 왔던 회사를 떠난 후 다시 시작한 사업이다. 황당한 일을 겪은 후 평소 무탈하게 경영하던 회사를 떠난 것이다. 더구나 혼자가 아니라 아들과 함께 회사를 그만두었다. 회사를 설립하고 피땀 흘려 일궈오던 과거의 일들이 떠올라 만감이 교차했다. 지극히 정상적이었던 경영의 일상이 완전히 무너져 내렸을 때 이루 말할 수 없는 충격이었다. 그러나 이런 일련의 일들마저 운명이라 받아들이면서 공허한 마음을 추슬렀다.

스스로 길을 찾아야 된다는 절박감이 엄습해 왔다. 40여 년간 아침이면 집을 나가던 습관은 회사를 떠난 뒤에도 관성이 되었다. 결국 당장 아들과 함께 출근할 수 있는 사무실이 필요했다. 경비도 절약하고 시간도 아껴 쓸 수 있도록 집에서 가까운 수지 동천역 길 건너편에 준공된지 얼마 되지 않은 오피스텔을 구했다. 공간이라야 실평수 6.5평 정도로 책상 두 개를 들여놓자 사무실이 비좁았다. 별 수 없이 별도로 사무실 한 개를 더 임대해 아들 집무실로 내주었다. 15평 정도의 일반 사무실을 생각했으나 적합한 곳을 찾지 못해 고만고만한 크기의 사무실을 구한 것이다.

최근 오피스텔은 다양한 편의시설을 갖춰 몸만 들어가도 충분히 일할 수 있는 여건이 갖춰져 있다. 그러니 자연 오피스텔을 선호하게 된다. 게다가 주거용으로 겸할 수 있는데다 세탁기까지 갖춰져 있기 때문에 특히 젊은 층에 인기가 높다. 주거업무용 환경주택이라 할 수 있는데 일반 아파트와 전혀 다를 바 없었다. 다만 일반 주택과 달리 한 명 또는 두 사람 정도만이 생활할 수 있는 작은 공간이라는 점이 다를 뿐이다.

출근할 곳이 정해졌으니 이제 신규 회사 설립이 필요했다. 우선 부동산을 구입해 임대업부터 시작한다면 일정한 수입원을 창출할 수 있으리라 판단하고 서서히 사업을 넓혀 나가기로 결정, 아들과 함께 법인 설립에 들어갔다. 법인명은 아들이 심사

숙고해서 작명한 ㈜컴퍼니M으로 정한 후 설립 등기를 마치고 사업자 등록증을 교부받아 본격 사업(부동산 매입)을 시작했다. 주물 제조업으로 반평생 오직 한길만을 걸어왔다. 그런 나에게 부동산 사업은 생소했다. 부동산에 대한 정보나 지식도 전무했기 때문에 전업에 대한 두려움도 컸다. 부동산 선배 지인들의 협조 아래 책에서 얻은 정보와 지식만으로 뛰어들었다.

2017년 1년 동안은 나이 칠십에 발바닥이 불이 나도록 부지런히 뛰어다녔다. 수도권을 중심으로 적정한 가격의 매도물을 찾아 다녔다. 늘그막에 부동산에 뛰어들어 실수라도 하게 되면 나이로 보나 전문성으로 보나 그 데미지는 엄청 클 것으로 생각되어 신중에 신중을 기했다. 특히 시행착오를 겪으면 그 충격으로 인해 몸 건강과 직결되기 때문에 더욱 조심스러울 수밖에 없다. 이런 리스크 관리를 위해 분산 투자를 할 겸 투자 스펙트럼을 넓히기로 했다. 단일 점포와 공장을 다양한 업종(은행, 동물병원, 약국 등)이나 여러 제조업들이 각각 운영할 수 있도록 상가 건물을 통째로 구입했다. 공장 임대사업도 함께 시작했다. 초창기 6개월 동안은 부지런히 스터디를 하면서 정보를 얻었고, 6개월 후부터는 본격적으로 사업을 전개해 지금에 이르고 있다.

8월부터는 정상적으로 임대 사업을 시작해 서서히 수입이 발생되고 은행 여신 또한 늘어나기 시작했다. 외형상 자산 규모가 250억 수준의 임대용 건물을 갖추게 된 것이다. 매출 외형은 비록 연간 12억에 채 미치지 못하지만, 자산 규모는 훨씬 커져 외부 회계 감사까지 받아야 할 규모의 신규 법인이 만들어졌다. 돌이켜보면 잘 한 일이라고 생각한다. 나이 일흔에 인생은 끝났다고 좌절하는 것은 나의 남은 인생에 대한 예의가 아니지 않은가. 그러기에 젊은 사람들에게도 좌절은 금물이라고 조언하고 싶다. 사업에 나이 제한은 있을 수 없다.

6장

나라 걱정

지도자의 가장 중요한 임무

2017년 12월 10일이다. 금년도 스무하루가 지나면 한 해를 마무리하고 신년을 맞는다. 일년이 이렇게 빨리 지나갈 줄이야. 주말이면 컴퓨터 앞에서 신문 사설과 칼럼을 읽고 글 쓰는 일을 반복하다보니 마파람에 게눈 감춘다는 말처럼 세월이 쉬이 지나간다. 연초에 계획했던 수필집을 위해 몇 장 쓰지도 못했는데 일 년이 끝나가고 있다. 말년의 중노인으로 공짜 지하철 몇 번 탔을 뿐인데 한 해가 훌쩍 지나간 것이다. 나로서는 그 어느 때보다 바쁜 한 해를 보낸 듯 하지만 연초 계획의 70%도 채우지 못한 것 같다.

참으로 다산 다난했고, 형제들과 이별의 아픔을 겪으며 마음

아팠던 한 해이기도 하다. 나의 핏줄인 형제들을 하늘나라로 보내면서 '인생이란 무엇인가'에 대해 많은 생각을 해 보았다. 세상을 떠난 분들과의 이별의 아픔이 큰 만큼 슬픔과 허전함을 감출 수 없었다. 그러나 한편으로는 비록 내 나이 말년이라 해도 내 삶을 새삼 뒤돌아보는 해였던 것 같다. 인생이란 끝날 때까지 끝난 게 아니지 않은가.

떨어지는 낙엽, 벌거벗은 가로수의 나목들마저 걸음을 멈추게 하고 나를 성찰케 한다. 며칠 전 형님이 돌아가신지 딱 일 년이 되었다. 연로하신 형수는 직계 가족만 모여 조촐히 1년 상을 보내겠다고 하지만, 형제라고 해봐야 이제 나 홀로이기에 형님의 첫 기일을 성당에서의 추모 미사만으로 지낼 수 없었다. 형님의 영정 앞에서 기구(祈求)하며 술 한 잔 올리면서 형님의 족적을 떠올려 보았다. 형님처럼 장수한다면 아직 15년의 세월이 남아있다. 아니 살아가야 할 인생이 10년이라고 해도 결코 짧은 시간은 아니다. 그래서 다가올 10년을 어떻게 이끌어갈지 설계하는 것도 중요하다.

나는 스스로를 간수하며 살 수 있는 인간의 수명을 80으로 보고, 그 이상 삶이 연장된다면 이는 보너스의 생명일 뿐 그 이후의 삶은 그리 행복하지 않을 것 같다는 생각이 든다. 자연은 주기적으로 자신을 비우고 이듬해에 다시 축복의 생명을 맞이하지만 우리네 인생은 한번 떠나면 다시는 오지 못한다. 두 번 주어지지 않기 때문에 잘 살아가지 않으면 후회해도 소용없는 일이다. 지금까지 살아온 삶을 되돌아보고 절대 후회하지 않도록 잘 설계해서 맞춰 살아가야 하지 않을까?

사람들은 다양한 방법대로 또 그 나름대로 가치관과 삶의 철학을 달리하며 살아간다. 하지만 다양한 인종이 지구상에 존재하더라도 삶의 고귀함은 모두에게 똑같다. 그러므로 우리는 어렵게 살아가는 이웃들을 돌아보고 그들의 삶을 귀하게 여기면서 새해를 맞이해야 한다. 나의 희생을 전제로 하는 삶은 가치 있는 인생이며 남을 해치거나 손해를 끼친다면 이는 죄악이 아닐 수 없다. 더욱이 자신의 영달과 부귀를 꿈꾸며 남을 해치거나 짓밟고 일어서려는 발상은 참으로 어리석은 일이다. 이는 사람답게 사는 것이 아니라 짐승과도 같은 행동이다. 오죽하면 짐승만도 못한 사람이라는 말이 있겠는가.

그러나 요즘에는 좀처럼 사람의 향긋한 향기를 맡을 수 없다. 영혼과 이성을 잃은 사람들로 가득 차 있다. 영혼이 있다 해도 껍데기만 있을 뿐 허상 위에 살고 있는 것처럼 보인다. 한 무리를 이루며 공동체로 살아가는 사람들이 영혼이 충만하려면 지도자의 역할이 중요하다. 그러나 어려운 이웃에 대한 사랑의 마음보다 그럴듯한 미사여구와 호감 섞인 달변으로 범인(凡人)들의 영혼을 망가뜨리는 것은 아닌지 살펴봐야 한다.

전 세계인이 인정하듯 우리 국민은 세계 최고의 교육열과 지식을 갖고 있다. 그런데 이런 국민들이 영혼을 잃고 이상한 병에 걸린 듯 정신을 차리지 못하고 있다. 사람들은 각자 꿈을 갖고 산다. 그런데 그 소박한 꿈마저 시야에서 점점 멀어져가고 있다면 국가의 책임이 아닐 수 없다. 국가든 개인이든 무엇을 하고자 하는 꿈이 있어야 행복하고 긍정적이며 적극적으로 살아갈 수 있다. 마치 내일이 없는 것처럼 살아서는 안 된다. 국가가 먼저 국민들에게 꿈을 심어줘야 국민들도 그 꿈을 향해 전진할 수 있다. 그렇게 되면 자연히 각 개인들도 꿈의 설계도를 그리고 실현해 나가기 위해 노력하게 된다. 지도자의 진정성을 알 수 없고 포장하는 데에만 급급하면 어떻게 될까? 인기에 영합하고 근시안적 사고와 무엇에 쫓기듯, 과거사에 매몰된 것처럼 보여진다. 내 일이 아니라고 외면할 수도 없다. 눈으로 보고 귀로 듣고 있기에 이제는 식상할 만큼 자주 접한다. '그래도' 하면서 가졌던 작은 기대마저 무너지고 있다.

국가는 어떤 일이 있어도 국민들에게 희망을 주어야 한다. 그게 나라다운 나라를 만드는 지름길이다. 그렇게 해야 국민들도 신명나게 나라를 만들어간다. 지도자들에게 가장 중요한 임무는 국민들에게 꿈을 심어주는 일이다. 벌들의 세계를 보면 일벌과 여왕벌이 있고 환경을 잘 관리하는 관리벌들이 있다. 꿀은 일벌들이 만들어 내고 여왕벌은 왕성한 번식력으로 더 많은 일벌들을 생산할 뿐이다. 여왕벌은 일벌들처럼 꿀을 만들어내지 못한다. 그러므로 국민이 경제의 먹거리를 만들어 내는 것이지, 위정자들이 경제와 일자리를 만들어 내는 것이 아님을 직시해야 한다. 불행하게도 이런 인식 부재가 만연해 이제는 국민들 스스로도 착각하고 있는 것이 현실이다. 마치 위정자들이 경제를 살리고 일자리를 주는 것으로 기대하고 있는 듯 싶다. 착각도 큰 착각이다.

우리는 새로운 대통령을 선출했다. 대통령은 국민에게 희망을 가득 안겨 줄 것처럼 취임사에 담았다. 언론은 일을 잘하고 소통도 잘하며 서민적이고 마음 좋은 아저씨의 모습으로 비춰주었다. 그런데 이전 정권에 대해 취하는 이번 정권의 태도는 실망스럽다. 때로는 즐거워하는 모습이 포착되곤 했다. 하지만 꼭 그래야만 했을까? 옛날에는 지나가는 상여를 보면 기차도 멈출 정도로 우리는 떠나는 사람에 대해 예의를 다했다. 잘했든 잘 못했든 한 나라의 대통령이 구속되고 나라의 통치시스템이 선적으로 멈췄다. 이전 정권은 떠나가는 사람들이다. 이에 대한 예의를 갖추는 것도 승자다운 모습이 아닐까?

지금 대한민국은 그렇게 가고 있다. 가는 사람에 대한 예의를 찾아볼 수 없다. 그래서인지 걱정되고 우려했던 일들이 하나씩 벌어지고 있다. 동방예의지국의 나라, 조용한 아침의 나라, 희망찬 나라 '대한민국'의 자존심을 회복하고, 국민 모두가 희망을 다시 가질 수 있는 새해가 됐으면 좋겠다.

나라 걱정

2018년 5월도 중순을 지나 6월을 향해 달려가고 있다. 온 세상은 푸른 색깔의 녹음으로 가득 채워졌다. 하늘을 쳐다보니 가을하늘처럼 구름 한 점 없이 펼쳐져 있어 끝이 보이지 않는다. 공기도 맑고 미세 먼지 하나 없어 상쾌한 아침이다. 간밤에 내린 폭우는 마치 전쟁터를 방불케 할 만큼 무서웠다. 천둥소리와 함께 세상을 다 삼켜 버릴 것 같아 공포감마저 들었다. 아침 하늘은 언제 그런 일이 있었나 싶을 정도로 흔적도 없이 사라졌다. 다만 불어난 탄천의 냇물이 황토색 흙탕물로 변해 간밤의 공포와 불안을 안고 유유히 흘러간다. 오늘도 아내가 싸준 점심 대용 쑥떡이 들어 있는 작은 종이팩을 들고 지하철역을 향해 걷기 시작했다. 오늘따라 가로수 은행잎들이 유난히 푸르고 싱싱한 내음까지 풍겼다. 그 풍성함을 만끽하며 가로수길을 한참 걸었다.

요사이 나는 삶이 그리 편치 않다. 아침이면 새로운 희망과 일거리를 안고 출근하는 것이 당연한 일상이었다. 하지만 요즘은 왠지 희망적인 기대를 저버린지 꽤 오래된 것 같은 느낌이다. 그저 주어진 일들을 정리해야 하는 것으로 하루가 그렇게 흘러간다. 대한민국이란 나라에서 한국인으로 71년을 살아오면서 이토록 암울하고 희망을 잃어버리며 살았던 때가 없었다. 하루하루가 무의미하다고나 할까? 아침에 눈을 뜨면 간밤에 인쇄된 조간신문과 뉴스를 통해 세상을 한걸음 더 가까이 들여다보는 일이 습관이 되었다.

최근에는 그런 습관을 일부러 피해보려 했지만 쉽지 않다. 대한민국 국민의 입장에서 매일 일어나는 희망적인 내용을 공감하고 함께 해 나갈 때는 나 또한 희망찬 나날이었다. 그러나 언제부터인가 나라가 추구하는 가치관과 방향의 변화에 대해 실망하면서 나의 작은 소망마저 서서히 사라져버렸다.

국민들에게 희망을 골고루 나눠주는 것이 정상적인 정부의 기능이며 그런 정치를 해야만 국민들의 행복으로 이어진다. 보수든 진보든 이념과 가치관이 다르다는 이유로 편을 가르고 반대 의사를 표명하는 진영을 배제하거나 소외시키는 일은 절대 있어서는 안 된다. 새 정부가 들어서 국민들에게 기대와 꿈을 심어줌은 물론 기회와 희망을 균등하게 나눠주어 오늘보다는 내일을 향해 힘차게 뛸 수 있도록 도와줘야 한다. 국민 각자가 에너지를 충전하고 새로운 목표를 향해 가열차게 나아갈 수 있도록 힘을 줘야 한다. 국가조직은 각 분야마다 능력에 맞게 자기 역량을 최대로 발휘해 나가도록 조력해야 한다. 그것이 국가의 진정한 리더십이다.

세상에 공짜는 없다. 공짜가 판치는 세상에 희망은 존재할 수 없다. 열심히 일할 기회를 박탈하고 능력자들마저 방황케 하고 낙오자로 만드는 우를 범할 수 있다. 즉 경제 논리를 외면한 채 사육장 짐승들에게 공짜 사료만 던져주어 비대한 몸집을 만드는 격이다. 짐승이야 성장하면 사람들에게 영양을 공급하고 좋은 역할을 담당하지만 무료 사료만을 먹고 성장한 인간은 다르다. 아무 쓸모없는 인간으로 퇴보되어 짐승만도 못한 존재로 전락할 수 있다.

정부나 위정자들은 국민의 눈과 마음을 속이고 있다. 좋은 사람인양 온갖 포퓰리즘 정책을 내세워 국민들을 현혹시키며 편가르기에 여념이 없는 것처럼 비쳐지기 쉽다. 국민의 노력과 고통으로 모아진 세금을 자신들이 마음대로 쓸 수 있는 전유물인양 마음대로 사용하면 안된다. 보통 문제가 아니다. 세금은 공정하게 쓰여져야 한다. 또한 국가 미래 자산 가치로 남을 수 있도록 사용되어야하며 정치적 이해관계에 악용돼서는 안된다. 그 피해는 온전히 다음 세대에게 돌아간다. 깊이 자성해야 할 일이다.

과거에도 과거사를 규명한다며 종교인까지 포함한 위원회를 설치해 정권 내내 자신들의 이념을 기준으로 보상과 벌칙 정책을 펼치면서 국민들을 갈등 속에 몰아넣은 적이 있다. 그런데 이 정부에서는 예외가 아닌 것처럼 비춰지는 듯 싶다. 국가 재난이라 할 정도로 큰 사건들을 몽땅 들춰내 여론을 조장하고 있다. 100여 년 전부터 시작해 불과 3, 4년 전의 사고와 재난에 이르기까지 일부 국민들의 가슴을 다시 후빌 수 있다면 어떤 사건이건 끄집어내 한풀이 굿판을 벌이고 있다.

여러 가지 이유로 국민들이 큰 아픔을 겪거나 희생했던 일들을 언급하며 누구라도 보상을 해줄 것처럼 부추기고 있는 듯 보여진다. 역사 바로 세우기란 나라의 큰 변이나 사건들을 가감없이 분석 조사하여 누구나 납득 또는 이해할 수 있도록 해야 힌다. 어느 한편이 아니라 중립적인 입장에서 정의와 진실을 기반으로 조사해 상처를 치유해야만 한다.

그러나 위정자들은 그런 상처의 사건들의 실제적인 원인은 접어두고 교묘한 방법을 동원해 오히려 유족들에게 더 큰 한을 심어주고 있다. 상처에 소금을 뿌리는 셈이다. 지금까지 단 한 건도 정의롭게 마무리 짓고 온 국민들이 다 같이 공감하는 결론을

도출해 내지 못하고 있다. 불행한 일이 아닐 수 없다. 남의 약점이나 한 맺힌 상처를 자극해 더 큰 감정의 고리를 키우고 때에 따라서는 맹목적 투사로 만들어가고 있다. 역사를 바로 세운다고까지 주장하고 있으니 그들이 얼마나 오만하게 대하고 있는지 알고 있을까? 이런 정치인들이 계속해서 국가를 운영한다면 나라에 희망의 씨앗을 찾으려고 해봐야 찾을 수 없을 것이다. 그래서 슬프고 불행하다.

지인들 중에는 뉴스와 TV 방송에 담을 쌓은 분들이 많다. 정보화 사회에서 거꾸로 가고 있는 것 같아 참으로 안타깝기만 하다. 이들은 대부분 일생 동안 대한민국 건설을 위해 열정적 삶을 살아왔으며 경제적 부를 형성과 함께 세금 납부를 통해 국가 경제발전에도 크게 이바지한 사람들이다. 뭐가 잘못되어도 한참 잘못돼 가고 있다. 한반도 사방이 열강으로 둘러싸여 있다. 자유 대한민국을 지키려면 미래를 위한 설계를 새로 짜야 한다는 사람들도 많다.

보수 가치의 죽음

지난 6월 한국 정치사의 한 획을 그은 인물인 김종필 전 국무총리가 우리 곁을 떠났다. 5.16 군사혁명 주체 세력이었던 그는 92세의 일기로 정치인으로는 보기 드물게 장수하신 분이다. 한때는 세상을 쥐락펴락할 정도의 막강한 영향력을 행사했던 그였지만 세월 앞에서는 어찌 할 수 없이 늙고 힘없는 한 인간으로 생을 마감했다. 9선의 국회의원과 두 번의 국무총리를 지낸 그이다. 한국 정치사의 대표적인 산 증인이라 하겠다. 박정희 대통령과 함께 군사 혁명을 주도하여 2인자로서 국가 원수를 탄생시킨 주역이었다. 군사정부 이후에도 대통령 킹 메이커 역할을 주도적으로 실행했던 사람이다. 오랫동안 2인자로 살아오면서 수난과 망명 등 수많은 고초를 겪기도 했다.

그러나 돌이켜보면 헌칠한 인물에 문무를 겸비한, 예술과 인문학적 감각이 뛰어난 신사 정치인의 단면도 발견할 수 있다. 생의 마감을 앞두고 직접 후배들에게 남긴 자서전 '남아있는 그대들에게'를 통해 고통을 받을 때나 심한 갈등을 겪을 때 그림과 아코디온 연주로 시름을 달래며 극복했던 일화도 밝혔다.

역사적으로 볼 때 그의 가장 큰 실적이라 할까, 한국 역사에 기록될 만한 일을 언급한다면 한일국교 정상화를 주도한 사건이다. 일본과의 국교 정상화는 한국의 경제 개발에 직간접적으로 결정적인 역할을 했다. 논란은 있지만 가난한 빈국이 대일청구권 자금을 받아 국토 개발과 산업 발전에 끼친 영향은 이루 말할 수 없을 만큼 컸다. 그는 한국 정치사에 풍미했던 인물임에 틀림없다. 과거 3김 역사에 마지막 종지부를 찍은 큰 인물이기도 하다. 개인적인 대권의 욕심보다 국운과 역사를 더 생각했던 그이기에 늘 마음을 비우며 소소한 일들에서 행복을 찾았다.

또 한 분은 스스로 목숨을 끊은 정치인이다. 바로 노회찬 국회의원이다. 경기고등학교를 나온 수재로 일찍이 노동 운동가로 변신해 정치계에 뛰어들었다. 반기업 반정부 운동을 위해 용접공으로 위장 취업한 운동권으로서 종국에는 야당 정치인으로 입성한 분이다. 본인의 신념에 따라 한국 노동 진보정치의 대표로 자임했던 그가 정치적 책임과 당의 명예를 지키고자 목숨을 던진 것이다. 국회의원으로서 정치 후원금 4천만 원을 비공식적으로 받았다는 사실 때문에 목숨을 던졌다. 한국정치 환경으로 볼 때 매우 충격적이라고 볼 수 있다. 정의당의 대표이었기에 그는 소액의 후원금도 개인적으로 취했던 것이 마음에 걸렸으며 특히 자신의 이미지와 당의 명예에 크게 손상을 입혔다고 생각했던 것 같다. 노회찬 의원의 자살로 노무현 전 대통령의 사건이 떠올랐다. 대통령은 자신의 명예를 위해, 목숨을 던졌다.

보수와 진보는 각자의 정치철학을 지키기 위해 노력하지만 그 방법에는 큰 차이가 있는 것 같다. 민주와 정의를 내세운 진보 정치인들은 자기 희생을 통해서라도 그 가치를 지키고, 대의를 위해서라면 언제든 행동으로 보여준다. 하지만 보수를 자처하는 정치인들의 행태는 어떤가. 오늘날 그들이 추종해왔던 전 대통령이 두 명씩이나 교도소에 있지만 누구 하나 책임지겠다는 인물이 나오지를 않는다. 그 하찮은 국회의원 배지를 던지겠다고 하는 이 하나 없이 아직도 자신들의 안위나 사욕에 급급하고 있을 뿐이다. 보수의 가치는 간 데 없고 영혼 없는 정치인들로 전락해 버렸다. 한국 정치의 보수적 가치는 말할 것도 없고 오히려 이전보다 더욱 타락한 것 같아 씁쓸하기만 하다.

그들은 이기적이고 보신주의에 젖어 있다. 기득권의 환상에 젖어 비겁하기까지 하다. 대의를 위해 일할 줄 모르고 희생하려

하지 않는다. 철저하게 개인주의에 빠져 있다. 이 얼마나 안타까운 일인가?

과거에 묶인 정치

화성상공회의소 회장으로 재임하던 어느 날 화성 시청의 한 과장과 화성 여성기업인 회장이 직무실을 찾았다. 누런 서류 봉투를 내밀며 협조를 부탁한다는 내용이었다. 봉투 안에는 하얀 공문시가 담겨 있었다. 서류 아래에는 '위안부 동상건립추진을 위한 추진위원장'이라고 쓰여 있었고, 그 옆에는 화성상공회의소 회장인 내 이름이 명기되어 있었다. 시측은 당연히 내가 수락하리라 믿고 일방적으로 기획했던 것 같았다. 물론 상공회의소 회장은 시와 서로 협조하고 시 발전을 위해서 노력해야 하는 위치에 있다.

그 공문서를 보면서 우선 동상 건립의 아이디어가 어디에서 나왔는지 물었다. 시장의 발상이라고 답했다. 그러면 시 예산에서 충원하면 되지 않느냐고 물었다. 동상 건립 예산은 대략 5천만 원 정도로 책정되어 있었다. 당시 시 예산은 1조원이 넘었다. 임명직 공무원이 사업 계획을 세웠으면 당연히 시 예산으로 해야 한다. 그게 마땅한 일이다. 그런데 시장이 그런 예산 편성은 고려하지 않고 무슨 연유로 위안부 동상을 세우겠다며 협조를 구상했는지 이해할 수 없었다. 찾아온 두 분에게는 미안하지만 정중히 거절했다.

기업인들이 특정인의 동상을 세운다는 것 자체도 잘못되었지만 정치인들이 반일 감정을 부추길 수 있는 위안부 할머니들을 이용하는 것은 도리에 맞지 않는다고 생각했다. 여성 입장에서 위안부로 끌려갔던 일은 부끄럽고 차마 떠올리고 싶지 않은 과거사다. 생각하기도 싫은 기억을 다시 끄집어내 당사자는 물론 일반인들의 분노를 부추기는 것이 피해자들에게 또 한 번 상처를 주는 일이 아닐까? 할머니들 입장에서 과거 상처를 안은 채 살고 있는 자신의 동상이 길 한복판에 세워지는 일이 과연 반갑고 기쁜 일인가? 이런 점에서 위안부 동상은 대단히 잘못된 발상이라고 본 것이다.

독립 만세를 부르짖으며 장렬히 희생한 유관순 열사를 떠 올려보자. 그 분의 숭고한 애국정신이야말로 후손들에게 길이 기억되어 역사의식을 제대로 무장, 후손들에게 한민족의 긍지와 자부심을 일깨워 줄 수 있다. 그런데 유관순 열사의 동상은 우리나라에 몇 개나 될까? 지방 자치 단체마다 부끄럽고 치욕스러운 과거를 상징하는 동상을 세워 무엇을 얻겠다는 말인가. 전쟁의 혼란 속에 겪은 상흔 때문에 숨어 지낼 수밖에 없는 이유는 일본의 책임 못지않게 우리 정부의 무능에서도 찾을 수 있다. 위안부에 대한 보상은 누가 해야 할까? 일본이 보상을 해 주지 않는다는 이유로 정부가 외면한다면 그게 정부인가? 당신들이 나라를 잘못 이끌어 수많은 전쟁 피해자로 끌려갔으며 이렇게 비참한 삶을 살았으니 정부가 보상해 달라고 소리 한번 지르지 않고 그저 조용히 과거를 잊어가며 여생을 살아가는 할머니들을 자극할 필요가 있는지 묻고 싶다. 누구를 위하여, 왜, 무엇 때문에 이 늙고 병든 할머니들이 투쟁을 해야 하는가. 이것이 진정 할머니를 위한 일인가.

화성시는 1만3천 개 업체가 경제 활동을 펼치고 있다. 지방 도시 중 가장 많은 업체가 들어 서 있다. 이들 업체 중 약 30%는 일본과 거래하고 있다. 특히 기술 경쟁력을 확보하기 위해 일본에서 벤치마킹했거나 기술 도입을 해오고 있다. 당시 내가 이끌던 회사도 일본의 대형 강철 회사로부터 많은 협조를 얻어 제품 개발에 참여해 왔다. 열심히 노력한 끝에 이제는 오히려 일본 시장에 진출하여 기술력과 품질에 당당히 앞서가고 있고 일본보다 경쟁력이 앞선 업종이 됐다. 어쨌든 다양한 루트를 통해 일본 업체 직원들이 수시로 방문하고 있다. 그들과 교역을 하는 동안 길거리에 세워진 위안부 동상을 보고 질문을 할 때마다 우리는 난처한 입장에 처한다. 무엇이라 답변해야 할까?

끝도 없는 과거사 때문에 발목 잡혀 한 치 앞도 나아가지 못하고 있으니 미래가 있을 리 없다. 분노와 한풀이를 늘어놓으며 우리끼리 단합하는 값싼 애국심이다. 5G를 맞이한 대한민국 사회가 이렇게 계속 된다면 미래는 그야말로 불을 보듯 뻔하다. 그러기에 현실이 개탄스러웠던 것이다.

정치인들은 틈만 나면 처절한 과거사를 들춰내 국민들을 분노케 하고 있다. 슬픔과 동정을 부추겨 순수한 학생들까지 참여를 유도하고 있다. 기성 세대에게 반감을 불어넣고 피해 의식을 자극해 정치적 목적을 달성하려고 한다. 정권을 잡은 후 하나된 국민을 주창(主唱)하지만 결과적으로 국민을 두 패로 갈라놓고 있다. 위안부 할머니 사건처럼 피해 당사자의 목소리는 간 곳이 없고 소위 시민 연대 투사들의 목소리만 난무하다. 그 뒤에는 이를 좌시하고 오히려 부추기는 정치인들이 있지 않은지 의심스럽다.

과거 김대중, 김영삼 정권 당시에도 25년간의 군사정권에 빼앗긴 대권자리를 다시 회복했지만 대한민국 경제 발전으로 인해 국민의 나아진 살림살이를 인정하지 않았는가. 정치는 당장의 안위와 미봉책보다 대한민국의 미래를 생각해야 한다. 원컨대 대국적으로 정치하기를 바란다.

헛발질 그만! 기업에 투자해야

개구리가 동면에서 깨어나 눈을 뜨는 경칩(驚蟄)이 지났다. 대한민국도 이제 경칩처럼 봄이 오지 않을까? 세상 일들을 보노라면 숨이 턱 막힌다. 암흑 같은 하루하루다. 칠흑 같은 세상을 벗어나 그래도 세월은 흘러가 언젠가 새봄을 맞이할 것이라며 그 봄을 그리워하면서 답답함을 잊으려 했지만 이번에는 코로나라는 역병을 만나 온 국민이 고통 속에 빠져 있다.

전국 어디를 가나 온통 역병 퇴치 캠페인이고 정책 관리자들의 헛발질만 난무할 뿐이다. 거듭되는 시행착오적 발상들을 접하면서 기가 막힐 뿐이다. 지난 2년 동안 국민의 안위와 먹거리에 전념할 것이라는 기대는 사라진지 오래되었다. 아무리 생각해도 그동안 한 일이라고는 적폐 청산이라는 이름으로 전 정부 인사들에 대한 보복에만 몰두하고 있는 것 같다. 집권 내내 칼의 정치를 펼쳐오고 있는 듯 보인다.

지도자들의 근시안적 정책으로 온 땅은 거칠고 황량한 불모지로 변해가고 있다. 게다가 코로나라는 역병까지 겹쳐 전쟁을 방불케 하는 암흑의 수렁으로 점점 더 빠져 들고 있다. 이를 어찌하랴. 정치란 첫째 국민에게 안위와 행복을 주는 일이고, 둘째 풍요로움을 안겨줘야 한다. 질병에서 해방되고 경제적 풍요로움을 누린다면 국민들은 한마디로 '오케이'다. 국민들이 정치지도자가 누구인지, 대통령이 무슨 일을 하는지 큰 관심을 두지 않고 오직 자신의 일에만 매진하는 국가가 진정한 민주국가라고 할 수 있다. 민주 절차와 함께 그 절차에 따라 정치 행위를 하는 정치인들을 절대적으로 믿기 때문이다.

온 나라가 두 편으로 나뉘어 생각이 다른 사람은 적으로 간주하고, 뜻이 같은 사람은 내편이라는 식으로 설정해, 끝없이 분쟁을 일으키는 현 정국은 역사의 발전과 진보에 큰 걸림돌로 작용하고 있다. 정부는 국민이 낸 세금으로 국가를 운영하며, 그 세금은 국민을 위해 정의롭고 공정하게 쓰여야 한다. 그럼에도 불구하고 오직 자신들의 정치를 지지하는 세력을 위해서 예산을 편성하는 듯한 느낌을 준다면 보통 큰 일이 아닐 수 없다.

조세의 대부분은 중산층을 비롯, 기업들이 부담한다. 이 세금은 재투자의 개념으로 기업의 성장과 국가 발전을 위해 먼저 집행해야 옳다. 정권을 유지하기 위한 수단으로 집행하거나 자기 진영의 편의를 위해 낭비한다면 반드시 역사적 단죄를 피할 수 없을 것이다.

그렇지 않아도 힘든데 지금 기업은 코로나19로 인해 점점 더 쇠약해지고 경쟁력도 약화되고 있다. 기업의 지속 가능성은 점점 더 어려워지고 있다. 국가가 조성하는 일자리라는 게 고작 국민들의 서비스업인 공무원을 늘이거나 노인 복지를 위한 임시 일자리 정도에 그치고 있다. 진정한 일자리는 기업의 발전을 위한 일자리가 되어야 한다. 기업의 혁신과 성장을 위해 실적을 쌓을 수 있도록 인원을 보충하는 방향으로 나가야 한다. 기업의 고용 유발은 장차 부가 가치를 창출하는데 그 목적이 있다. 그로 인해 더 많은 고용요인이 발생하기 마련이다. 그러면 기업의 일자리는 자연스럽게 늘어난다.

기업에 대한 투자는 정치적인 득표를 따져서 하는 것이 아니라 기업의 성장과 지속 가능을 보고 판단해야 한다. 당부하건데 정부는 기업이나 중산층 국민으로부터 받은 세금을 마치 자신의 사유물인 양 함부로 사용하지 말아야 한다. 더욱이 표심을 얻을 목적으로 낭비해서는 안 된다. 집권자마다 그런 목적으로 국가재정을 탕진한다면 나라의 존망은 어떻게 되겠는가?

위안부 동상(銅像) 유감

동상은 구리로 형상을 본떠 만든 조각품이다. 흔히 후손들이 공동체에 큰 영향을 끼친 인물을 영원히 기억하도록 특정 인물을 세우는 경우가 많다. 우리나라에서도 이순신 장군이나 김구를 비롯, 독립운동에 몸 바친 윤봉길 의사, 유관순 여사, 율곡 이이, 세종대왕 등 위대한 분들의 업적을 기리기 위해 주요 위치에 동상을 세워 국민들에게 자긍심을 심어준다. 지난 5년 전 화성시로부터 위안부동상건립 추진위원장을 맡아 달라는 요청을 받았다. 시장의 뜻을 존중하고 싶으나 상공인을 대표한 내가 설립 추진위원장을 맡는다는 것은 양심상 받아들일 수 없었다.

당시 그들에게 밝힌 거부 이유는 지금도 기억난다. 첫째로 동상이란 유관순 열사처럼 국가의 독립을 위해 싸우다 목숨을 잃는 등, 국민들에게 영원히 잊지 못할 교훈을 남긴 분들을 기억시키기 위해 세우는 것이다. 전쟁 중에 겪은 치욕스런 일을 기억하기 위해 위안부 동상을 거리마다 세우는 것은 격에도 맞지 않는다. 따라서 그들을 위한 기념물이 될 수 없다고 설명했다. 그들에 대한 치유는 국가가 먼저 책임을 지고 상처를 아물게 해 얼마 남지 않은 여생을 행복하게 보낼 수 있도록 해 줘야 한다. 국가의 존재 이유는 무엇인가? 국민의 행복으로 귀결된다. 국민이 국민의 상처를 치유하는 것은 불가능하다. 국가가 할 수 있는 일을 대신할 수도 없다는 생각은 여전히 변함이 없다. 그런데도 정치인들은 기회 있을 때마다 불행했던 과거사를 들어내 결집 수단으로 이용하고 있다.

위안부 할머니들은 자신의 존재를 세상 밖으로 내놓지 못하고 외롭게 숨어 살아왔다. 지금에 와서 감추고 싶었던 과거를 보이고 싶겠는가. 비극을 겪은 후 70~80년의 세월이 흘렀다. 한국 여인의 지조란 목숨과 같은 시대였다. 아무리 전쟁 중이라도 여인의 지조 의식이 강했을 시대였다. 끌려가 몸 망치고 하는 수 없이 폭행을 당하면서도 생존할 수 밖에 없었다. 소위 인권주의를 표방하며 뒤늦게 조용히 살고자 하는 할머니의 영혼까지 빼앗아 이성 잃은 투사로 변장시킨 것이 진정한 인권운동이며 애국자인가?

전쟁의 상처나 역사에서 일어났던 씻을 수 없는 흔적들은 잊지 말되 조용히 아물 수 있도록 국가가 배려해야 한다. 10여 년 전 베트남의 어느 외교관의 조언이 떠오른다. 역사의 상처는 건드릴수록 크게 덧난다고 했다. 조용히 아물 수 있도록 만지지 않는 것이 좋다는 얘기다. 과거사를 파헤쳐 해결되는 것이 있는가? 모두가 미완성으로 남을 뿐 위정자들은 자신들의 정치적 욕망으로 인해 끝없이 파헤칠 뿐이다. 그들은 그렇게 피해자를 위한 척하며 정치적 목적을 달성하려 하고 있다. 이는 정치인들의 속성이겠지만 국가를 퇴행시킬 뿐이다.

진정한 영웅

6.25 전쟁의 영웅이 영면했다. 한 많은 삶을 살아온 분이다. 역사적 평가를 뒤로 하고 어쨌든 근대 역사에 수많은 족적을 남기고 우리 곁을 떠났다. 1920년 일제 강점기에 태어나 1940년 만주군 간도특설대 장교로 복무했다. 나라 잃은 설움이 가득할 때 어린 나이에 핍박하는 일본을 극복하기 위해서는 그들의 병법을 배워야 한다는 각오로 일본군 장교로 입대해 군사 기술과 전략을 연마했다. 또래 청년들은 동경대나 와세다대, 경성대 등에 입학해 학문에 매진했으나 그는 일찍이 무관 학교에 입관해 꿈을 키워나갔다. 자의반 타의반 일본이 저지른 전쟁에 동원되어 군관으로 15년 이상 복무하기도 했다.

당시에는 상해 임시 정부만이 존재하던 시절이었다. 따라서 그들의 활동은 매우 제한적이었으며 지하조직 활동이 전부였다. 그후 일본이 패망하고 우리나라는 미국에 의해 독립되면서 이 땅에 정부가 탄생하고 그로부터 불과 18개월 만에 김일성은 6.25 남침을 감행한다. 당시 우리의 군은 조악했으며 겨우 6만 명에 불과했다. 정부가 수립된 지 얼마 안된 상황에 군사력을 키울 여유가 없었다. 북한군과의 싸움은 중과부적(衆寡不敵)이었다. 그나마 제대로 싸울 병사가 있었다면 일제 강점기 일본군에 입대해 익힌 경험과 군사 기술을 익힌 젊은 장교들과 징용에 끌려가 전투에 참여했던 사병들뿐이었다.

미국 딘 애치슨 국무장관이 선언한 에치슨 라인(미국의 극동방위선)을 선언했을 때, 한국과 대만이 미 극동 방위선에 누락된 것을 확인하고 북한군은 소련과 중국에 협조를 얻어 남침을 강행했다. 특히 김일성은 두 번에 걸쳐 스탈린과 협상을 한 후 지원을 약속 받았다. 이를 발판으로 무력 침공에 나선 것이다.

당시 남한은 북한의 군사력에 비교할 수 없을 정도로 열악했다. 북한군은 단시일에 전국 대부분을 점령하고 말았다. 이때 백선엽 장군은 대한민국 남단 부산을 사수하기 위해 낙동강 방어선 다부동 전투에서 참전해 목숨을 건 일전으로 최후 사수에 성공했다. 백 장군은 한국 군인으로는 최초로 4성 장군이 됐으며 전쟁 이후 한국 육군 창설부터 시작하여 오늘의 막강한 대한민국 육군 조직이 건재할 수 있도록 초석을 닦았다. 이는 부정할 수 없는 사실이다. 또 국방과 안보를 강화해 오늘날 평화를 지켜 나갈 수 있는 원동력의 주인공으로 활약했다. 미국과의 관계에 있어서도 외교 역량을 발휘해 한미 방위 조약 하에 한반도 평화에도 크게 기여했다.

하지만 대한민국을 지키는데 선봉장이었던 노병은 마지막 가는 길이 그리 순탄치 못했다. 사회적 갈등 속에서 마치 쫓기듯 장례가 치러졌다. 함께 싸웠던 6.25 전사 12만 명이 잠든 동료 부하들을 따라 천리길 먼 곳에서 쓸쓸히 잠들어야 했다. 참으로 안타깝고 서글픈 일이다. 우방 국가인 미국은 노병의 마지막 가는 길을 극진히 예우해주었다. 전쟁 영웅의 훌륭한 장군의 격을 높여주고 이별을 고하는 모습에서 과연 강대국다운 면모를 발견했다. 우리 정부가 못다 한 부족함을 채워주는 것 같아 망자에 대한 미안함이 조금은 줄어들었다. 노병은 이제 우리 곁을 떠났지만 그의 영혼은 사라지지 않았다고 믿는다. 우리나라는 남북으로 나뉘고, 남쪽은 다시 이념으로 갈라져 있다. 오늘 노장군의 죽음 앞에서 그 이념의 갈등이 더욱 첨예화된 것 같아 마음이 아프다.

21세기 국제사회에서 이제는 선린으로 나아가야 할 일본을 영원한 침략자로 비난하고 100년 전 일제 강점기 당시의 지식인과 엘리트들을 그 어느 때보다 배타적으로 비난하고 있지 않은가.

경성대를 비롯, 일본 유학생 출신이라면 곱지 않은 시선으로 친일 왜구로 몰아가고 있다. 정권을 잡고자 하는 이들은 이런 일방적인 시각을 정치적 수단으로 이용하기 위해 국민적 분노를 야기시켜온 것은 아닌지 의심스러울 따름이다. 나라를 위해 장렬히 산화한 위대한 영령들에게는 관심이 없어 보인다.

그들에게는 이념의 틈바구니에서 정부를 향해 싸우다 희생한 사람들만 영웅으로 받드는 것은 아닌지, 반대로 과거 정부 입장에서 발생한 사건들은 결국 폄하하는 건 아닌지 생각해봐야 한다. 이런 경우 피해자는 영웅이 되고, 국가는 부도덕한 가해자로 둔갑되고 만다. 나라를 지키는데 결정적인 공을 세운 백선엽 장군도 그들의 눈에는 부역자 친일파로만 보이는 것은 아닐까? 위안부 할머니의 영결식에는 국민을 대표하는 대통령이 조문을 했건만, 백선엽 장군의 죽음에 대해 정부는 아무런 대응을 하지 않아 심히 실망스러웠다. 어쨌든 남침을 막아 국민을 지키고 적과의 전투에서 목숨을 걸고 싸웠던 대한민국 장군의 영결식에 대통령은커녕 위정자들의 모습은 찾아볼 수가 없었다.

국가는 누구를 위해 존재하는가? 이념이 다르다는 이유로 그가 세운 공로마저 인정하지 않는다면 이는 진정한 국가라 할 수 없다. 국가는 자신들과 같은 이념을 가진 반쪽 국민들을 위해서만 존재하는 것은 아니다. 대한민국이 온전하려면 이념을 초월해 양쪽 모두를 보듬어 안아야 한다.

재난 지원금

2020 새해가 밝았다. 지난해 국가 경제 상황은 하향길에 접어들었다. 신정부 들어선지 3년이 흘렀지만 경제는 좀처럼 나아지지 않고 오히려 국민들의 주머니 사정은 더 어려워지고 있다. 세계 경제의 흐름도 있겠으나 정부의 경제 정책의 오류에도 원인이 있다. 국민들의 반기업 정서와 국가의 친노조 정책도 경제 불황의 한 요소라 할 수 있다. 국민이 다 같이 잘사는 정책을 지향하는 정부는 경제 정책의 쉬운 길인 하향 평준을 선택한 꼴이 되었다. 새로운 정부가 들어서면서부터 소위 적폐 청산 대상으로 이전 정부 요인들과 기업들의 조사에 매달림으로써 기업 활동을 위축시키는 결과를 초래하고 있다.

대한민국 경제의 주체는 기업이다. 특히 대기업 중심의 경제 시스템이 오늘날 한국의 경제 발전을 이끈 원동력이다. 기업들의 일자리 창출이 국민 민복을 가져오고 국가 발전의 근간이 되어왔다. 이는 누구도 부정할 수 없다. 지도자가 되면 누구나 국민 모두를 잘 살게 해주겠다고 공언한다. 정치는 국민의 호주머니를 채워주고 희망과 행복을 누릴 수 있도록 해야 한다. 과거 지도자 중에는 국민 모두를 잘 살게 해 주겠다고 약속하고, '경제 발전'을 국가 정책의 최우선으로 정해 나라를 빈곤에서 벗어나게 했다. 세계 12개권 경제 대국이라는 기적을 낳게 하지 않았던가.

반면 어떤 지도자는 노동자 농민을 다 같이 잘 살게 하겠다면서 소득을 끌어올리는 소위 '소득 주도 성장'을 표방해 경제 발전을 꾀하는 정책을 내놓는다. 경제 주체인 기업의 성장보다는 서민의 호주머니를 채워주는 것을 급선무로 삼겠다는 것이다. 기존 소득자나 기업들에게 더 많은 세금을 거두고, 이를 소득이 부족한 자에게 분배해주어 서민들의 불만을 해소하겠다는 취지로 보인다. 서민들을 위한 정책을 펼치려면 실업자에게 일자리를 줘야 한다. 일하고자 하는 국민에게 일할 수 있는 인프라를 만들어 줘야 한다. 진정한 노동자의 일자리를 만들어야 하며 그 일은 기업의 몫이다. 기업이 성장하고 발전해 가야 일자리는 더 많이 만들어진다.

그런데 정치인들은 마치 자신들이 일자리를 만들어줄 수 있다고 착각한다. 아무리 높은 권력을 가졌더라도 권력의 힘으로 일자리를 창출할 수는 없다. 생각해보라. 정권이 교체될 때마다 공무원 자리만 늘려 일자리를 채운다면 대한민국은 공무원 천국이 되고 말 것이 아닌가. 공무원은 국민들에게 서비스를 제공하는 공복자들이다. 그 대가로 국민은 세금을 낸다. 공무원 자리는 엄밀히 말해 국민의 일자리라 할 수 없다. 진정한 일자리란 부가가치가 창출되어 재화 가치를 높이는 직업을 말한다. 결과적으로 기업만이 안정된 일자리를 만들 수 있다.

2020년 그렇지 않아도 경제적으로 위축되어 있는 환경에서 코로나19라는 역병이 창궐하면서 한국경제를 더욱 위축시키고 있다. 방역 당국의 노력에도 불구하고 엄청난 피해를 일으키며 국민들의 불안은 날로 커져만 간다.

여기에 더해 반일 감정을 부추겨 경제 선진국인 일본을 배타적으로 대하면서 경제 피해 상황은 철저히 무시될 뿐 아니라 국민들을 친일 반일로 나뉘게 해 결국 갈등만 부추기는 결과를 낳았다. 이래저래 나라 안위가 걱정된다. 2020년 한해가 다 가도록 코로나 환자는 엄청나게 늘어만 가고 있다. 온 나라가 코로나 정국으로 바뀌어 국민들의 생활 수단을 압박하고 활동을 제약하는 바람에 소비는 위축되고 경제 상황은 그야말로 바닥을 치고 있다.

정부는 지난 4월 총선을 앞두고 기도 차지 않는 아이디어를 꺼냈다. 소위 재난 지원금이란 명목으로 돈을 나눠주기 시작했다. 지방 자치 단체에서도 덩달아 시행했고 온 나라가 헬리콥터를 기다리듯 재난 지원금에 매몰되어 있는 것처럼 보였다. 우리나라는 6.25 전쟁을 치르고도 온 국민이 구호 물자를 기다리지 않았다. 그런데 지금 온 나라는 이 공짜에 현혹되어 있다. 나 역시 정부로부터 70평생 공짜돈은 처음 받았다. '거금' 20만원이 내 통장에 적립되었다. 그 돈으로 가게에서 물건을 사라는 아이디어다.

5~6월에는 코로나19의 전파속도가 조금은 주춤했을 때도 정부는 위축된 경제를 활성화한다는 명목으로 다시 재난 지원금을 꺼내 들었다. 국가가 빚을 내서라도 국민들에게 돈을 나눠주겠다는 정책이다. 이번에는 가족수를 합한 금액으로 주기 때문에 가구당 100만원까지 지급받을 수 있었다. 생활 수준에 관계없이 중산층도 포함되어 실시하되 본인들이 받지 않을 경우 그 돈은 기부금으로 전환되었다. 그러나 30%의 중산층이 기부할 것이라고 예측했으나 결과를 훨씬 빗나갔다.

나 역시 경기도 재난지원금을 수령해 식품가게에서 과일류 매입으로 20만원을 다 소비했다. 중앙 정부로 부터 받은 50만원 상당의 재난 지원금은 불황을 겪고 있는 안경점에서 안경을 맞췄다. 국가에서 준 재난 지원금은 지역 경제 사회 활성화를 위해 쓰여져야 한다는 지침에 따라 모두 소비한 것이다. 지원금을 받을 때 과연 이 지원금을 수령해야 하는 것인가에 대한 갈등이 있었다. 국가가 국민에게 돈을 나누어 주는 일에 쉽게 동의할 수가 없었다. 국민이 낸 세금을 소비 촉진의 미명 아래 다시 돌려주는 땜빵식에 거부감이 일었다.

정책 입안자들의 진정성까지 의심했다. 지역 경제 활성화의 명목으로 코로나19에 걸리지도 않은 사람들에게까지 국가 재정을 뿌리는 정책에 반대하는 이유가 여기에 있다. 국가 부채는 국민이 그대로 끌어안고, 생색은 위정자들이 내는 불합리성을 인정하기가 어려웠다. 그러나 엄연히 수령하여 소비했으니 나 역시 다른 사람과 다를 게 무엇이겠는가. 여러 가지로 마음이 찹찹했다. 그래서 중앙정부로 공짜로 받은 돈은 어려운 이웃에게 전해줘야 옳겠다고 판단했다.

출근길 주말인데도 불구하고 쉬지 않고 지하철 계단 청소를 하고 있는 아주머니에게 우선 10만원을 전했으나 정중히 거절했다. 고맙긴 하지만 낯선 분에게 아무 이유 없이 공짜 돈을 받을 수는 없다고 말했다. 성실하게 땀 흘려 일하는 사람에게 공짜 돈은 유혹의 대상이 아니라는 사실을 깨닫고 다시 진정 필요한 곳을 생각해 보았다. 고민 끝에 가까운 곳을 찾아가 보기로 했다. 내가 관리하고 있는 건물에 마사지 전문점을 운영하는 젊은이가 3개월째 영업을 하지 못하고 있었다. 정부에서 영업 정지 명령을 내렸기 때문이다. 평소에도 겨우 운영했으나 코로나 때문에 일절 영업을 못하고 있는 그 딱한 중국 교포에게 50만원을 전했다.

그리고 평소 후원하고 있었던 양로원에 재난기금이 나에게 잘못 전달되었으니 할머니들이 받아야 할 지원금이라는 사연을 적어 송금했다. 70만원의 재난 지원금에 30만원을 더해 100만원을 보냈다. 그제서야 마음이 한결 가볍고 편해졌다. 어쨌든 나로서는 적자가 난 일이었지만 매우 상쾌한 기분이었다. 재난 지원금을 발표했을 때 부적절하다고 반대했지만, 일이 이렇게 된 바에야 타인을 위해 좋은 일을 했기에 그나마 내 마음의 균형을 유지한 것이다.

환경 미화원과 어느 정치인

2월부터 시작한 중국발 코로나는 전 세계를 강타하고 한반도에도 상륙하여 좀처럼 떠날 줄을 모른다. 요즘은 코로나 확진자 발표로 하루가 시작된다. 세계적으로 유행하는 이번 코로나19는 어느 국가 할 것 없이 무서운 속도로 전염되고 있어 그 위력에 모두들 두려워하고 있다. 가공하리만큼 빠른 속도로 인간의 생명과 영혼들을 파괴시키고 있다. 인류의 생활 방식과 문화까지도 철저하게 바꿔버리고 있다. 온 나라가 공포의 도가니에 휩싸여 있다. 특히 노부모나 자녀를 둔 가정은 긴장과 걱정 속에 하루하루를 보내고 있다. 바이러스에 본인이 감염되지 않아도 가족 중 누구라도 전염되면 큰 피해를 입기 때문에 노심초사하고 있다. 경제는 바닥을 치고 있다. 어느 시대를 막론하고 역병이 창궐하면 순환경제는 멈추게 돼 있다. 현대 경제라 해서 예외는 아니다. 오죽하면 국가에서 재난지원금을 전 국민에게 나눠주겠는가. 나 역시 재난 지원금을 받았다. 그 지원금을 어떻게 사용할까? 가끔 생각했지만 딱히 뾰족한 사용처를 생각하지 못하고 있었다.

정자역을 출발해 정확히 13분이 지나면 상현역에 도착한다. 오늘도 에스컬레이터를 타고 지하 정산소를 빠져나오려는데 환경미화원 아주머니가 바닥을 닦고 있었다. 순간 고민거리가 풀릴 것 같은 예감이 들었다. 며칠 전에 받았던 재난 지원금을 어디에 쓸지 떠오른 것이다. 그 환경 미화원 아주머니에게 5만원 지폐 두 장을 내밀었다. '이 돈은 제가 받은 재난 지원금이니 받아주십시오' 하고 건네주었다. 하지만 그 분은 정중하게 거절했다. 고맙기도 하고 그 뜻은 이해하지만 근무 중 돈을 수수하게 되면 안 된다며 정중하게 사양한 것이다. 사실 거절당한 것이 민망하기도 했지만, 그보다는 감동과 충격이 먼저 다가왔다. 박봉에 힘든 일을 함에도 불구하고 회사의 규칙을 철저하게 지키면서 묵묵히 자신의 직무를 수행하는 모습이 오히려 존경스러웠다.

근래 정의연 공금 횡령 및 투명하지 못한 회계 관리로 온 나라가 시끄러운 판이다. 사회 정의를 부르짖고 위안부 할머니를 위한답시고 소위 국제적 인권운동을 수년 동안 펼쳐왔다지만 이들은 무자본 특수 법인을 만들어 국민의 분노를 야기시키고 있다. 위안부에 대한 동정과 감정적 분노를 자극하면서 결과적으로 자신들의 물욕과 사욕을 채워온 점에 대해 국민들은 굉장히 실망하고 있다.

이런 사실을 모르고 그들에게 응원을 보내고 물질적으로 후원해 준 후원자와 국민들은 배신감을 느끼고 있다. 이와는 달리 정부나 여당은 오히려 이들을 감싸며 그들의 주장에 동조하고 있는 듯하다. 나아가 그 수장을 국회의원으로까지 진출시키고 말았다. 그런 정치인들이 여전히 이 나라의 정치인으로 활동하고 있다. 이 얼마나 한심한 일인가. 청렴하지 못한 정치인들이 나라를 이끌고 있는 이 상황에서 국민들은 과연 누구를 믿어야 할까? 권력의 편에서 발생하는 부도덕한 행위와 그 결과에 대해서는 죄를 묻지 않고 평범한 서민들이 작은 위법이라도 저지르면 가차 없이 범죄자로 간주해 처벌하는 사회가 되어버렸다.

정의란 무엇인가? 정의란 온당하고 올바른 도리를 말한다. 거짓이나 위선을 두고 정의와 인권이라 부르짖거나 이를 인정하는 사람도 위선자에 해당된다. 정의는 도덕적 행동 기반이 갖춰졌을 때 성립된다. 위안부의 처참한 과거를 모르는 바는 아니지만 이제 90세 이상으로 거동이 불편한 할머니들을 내세워 자신들의 이익을 추구했던 사람들이 권력까지 잡고 있는 형국이다.

과거사를 빙자하여 자신들의 욕심을 채우려 했다면 그들이 단죄해야 한다는 주장에 무슨 설득력이 있겠는가. 그래도 환경 미화원 아주머니와의 아름다운 대화를 통해 우리의 미래는 희망이 있다고 본다. 보이지 않는 곳에서 청렴하게 묵묵히 일해 나가는 작은 손길들이 있기에 대한민국의 앞날은 밝을 것이다.

책을 마치며

에세이를 쓰고자 했지만 막상 글을 쓰기 시작하면 의욕과는 달리 문장들은 럭비공처럼 혼란스럽게 튀어 다녔다. 글재주가 워낙 일천한 나로서는 '문장의 럭비공 잡기'가 쉽지 않았다. 펜을 놓고 글을 천사해보면 결국 에세이가 아니라 노년의 일기장에 불과해 보였다. 그렇다고 실망하거나 글을 쓰는데 주저하지는 않았다. 지금까지 살아오면서 형성된 나만의 판단과 느낌을 그대로 줄줄이 엮어왔다. 설령 자서전에 언급했던 이야기라도 다시 작성한 부분도 있다.

어쨌든 오래된 기억 창고에서 꺼내 먼지를 털고 새롭게 기록했다. 이제 얼마 남지 않은 인생이다. 지금까지 살아왔던 내 인생의 자투리 천들을 모아 '조각보'를 정성껏 만든다면 누군가는 추위를 막는 옷감으로, 또 누군가는 한 여름 땡볕을 막아주는 커텐으로, 어느 후손에게는 눈물을 닦는 손수건으로 사용할 것이다. 그러면 된다. 내가 남기고자 한 흔적이 그만하면 쓸모가 있을 것이다. 자서전을 쓸 때에도 그랬듯이 이번에도 아무도 간섭하지 않는 토요일 일요일마다 책을 읽고 글을 조탁(彫琢)했다. 그렇게 습관처럼 3년 동안 글쓰기를 해내자 제법 익숙해졌는지 졸필이나마 완성할 수 있었다.

현대 사회는 가치관이 너무 다양해 여간 혼란스럽지 않다. 모두가 자기 기준대로 살아가겠지만 그래도 늘 무엇이 옳고 그른지, 무엇이 정의인지 판단하고 실천해 가는 삶의 태도가 무엇보다 중요하다고 본다. 중심을 잡고 원칙을 세워 말을 할 때 그나마 정의에 가까울 수 있기 때문이다. 세상에는 각양 각색의 다양한 색깔들이 존재한다. 수만 가지 이해 관계에 엮어 서로가 서로에게 영향을 끼치면서 보완해 나간다. 우리의 삶이란 이렇게 복잡하고 어렵다. 때때로 세상이 주는 아픔과 고통은 자신만이 안고 있다고 착각한다. 그러나 모두가 고통과 외로움, 번뇌를 겪고 살아가고 있다. 그래서 나의 글들을 읽다보면 결국 모두가 겪는 일이라는 걸 알게 된다. 그러기에 졸필을 읽다보면 각자가 안고 있는 고뇌와 고난의 문제 해결에도 도움이 되리라 믿는다.

홀로 글을 쓰는 일은 자기 자신과의 싸움이라는 사실을 깨달았다. 글쓰기는 양파 껍질을 벗기듯 한 가닥 한 가닥 벗겨내는 작업이다. 그러다 보면 마침내 영혼까지도 세상 밖으로 내보내게 된다. 내가 '이 부분만은 말할 수 없겠지' 하면서 자꾸 감추면 나 자신과 점점 더 멀어짐을 느꼈다. 진정한 글이 되려면 자신을 온전히 내놓아야 한다. 그럴 때 진실함이 담겨있어 영혼이 살아있는 양서(良書)가 된다.

글이 주는 가장 큰 보람은 이처럼 나 자신을 찾아간다는 사실에 있다. 지금까지 일에만 진력(盡力)하느라 나 자신을 찾는데 소홀했던 것 같다. 다행히 지난 3년 동안 글을 통해 조금씩 나를 찾아가고 있는 것 같아 여간 행복하지 않다. 나 자신을 찾을 수록 새롭게 거듭나야겠다고 다짐해 본다. 마치 4월이 되면 나무들이 부활해 싹이 돋아나듯 나도 그렇게 부활하여 세상 밖으로 빛이 될 수 있도록 남은 여생을 살아가야 한다고...